LES
PÉCHÉS MIGNONS
D'UNE JOLIE FEMME

PAR

RABAN

—

Tome second

—

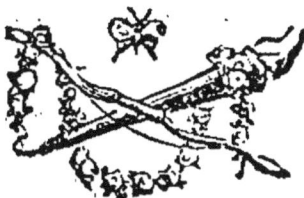

PARIS
PUBLIE PAR VIALAT ET Cie

P.-H. KRABBE, libraire-éditeur

12, RUE DE SAVOIE

1850

LES
ÉCHÉS MIGNONS
D'UNE JOLIE FEMME

PAR

RABAN

—

TOME SECOND

—

PARIS

PUBLIE PAR VIALAT ET Cie,

P-H. KRABBE, LIBRAIRE-ÉDITEUR

12, RUE DE SAVOIE

—

1850

LES
PÉCHÉS MIGNONS

D'UNE JOLIE FEMME

CHAPITRE PREMIER

Mystères.

L'excellent homme eût pu parler longtemps encore sur ce ton sans craindre d'être
interrompu, car Sophie était trop émue pour
lui répondre, l'officier de hussards riait à
en perdre la respiration, et Henri, malgré
sa préoccupation, faisait des efforts inima-
ginables pour conserver son sang-froid.

— Vous êtes donc le mari de Madame?
dit enfin l'officier, dès qu'il lui fut possible
parler; eh bien! foi de capitaine, j'en suis
charmé!... Vous êtes un mari de la vieille
roche, et, comme malheureusement pour
nous autres célibataires, on en voit trop peu
maintenant... François, un verre...

— Non, Monsieur, je ne m'assieds pas, je ne trinque pas, je ne bois pas avec des gens qui... des gens que je déteste... des gens sans mœurs, sans délicatesse.

En parlant ainsi, M. Corniquet jetait des regards flamboyants sur Henri ; mais celui-ci, fort ému d'abord, en avait pris son parti, et il était bien disposé maintenant à faire tête à l'orage, de quelque manière que les choses tournassent.

— Ah ! mon cher Monsieur, s'écria de nouveau l'officier, cela n'est pas bien ! vous voulez donc nous faire de la peine?... Mais non, c'est impossible; vous n'avez pas une figure à faire de la peine aux gens, à des gens qui vous aiment surtout... qui vous aiment et qui vous respectent... qui vous aiment et qui sont prêts à vous rendre toutes sortes de services... Non, non, vous ne garderez pas rancune à votre charmante petite femme qui est folle de vous, sans que cela paraisse, et qui nous en faisait l'aveu, il n'y a qu'un instant...

— Comment, Bichonne, tu disais à ces Messieurs...

— Oui, mari respectable, mari adorable,

mari sans pareil ; Madame que voici, votre charmante et vertueuse épouse, nous disait cela...

— Mais, Monsieur, vous ne savez donc pas...

— Mon Dieu ! je sais ce que vous voulez dire ; mais ce n'est pas la faute de Madame ; cela tient aux nerfs.... Votre charmante femme, mon cher Monsieur, est essentiellement nerveuse ; il y avait chez elle, dans ce temps-là, surexcitation du système nerveux, ce qui produisait un effet anormal, lequel ne pouvait cesser qu'au moyen d'une crise.

— Ah ! il y avait crise, dit M. Corniquet, qui avait fini par s'asseoir, et qui venait de vider un deuxième verre de champagne ; et cela par suite de surexcitation.... Pauvre Minette ! au moins tu peux me rendre la justice de déclarer que ce n'était pas ma faute... tu sais bien que je ne t'ai jamais surexcitée, moi ! Je parierais maintenant que c'est ce M. Henri qui te surexcitait, avec son magnétisme... Oh ! jeune homme, vous avez beau me regarder en dessous... vous avez des torts, jeune homme ! vous avez des

torts graves.... si vous n'aviez pas magnétisé
ma femme, tout cela ne serait pas arrivé...
Mais vous êtes malheureux, vous convenez
de vos torts... je vous pardonne.... et Minette aussi... n'est-ce pas Bichonne?.....
moi d'abord, je n'ai pas de rancune.

— A la bonne heure, mille dieux! s'é-
cria l'officier en remplissant pour la sixième
fois le verre du brave pâtissier; à la bonne
heure! voilà qui est parler en homme...
François! du champagne... Est-ce que tu
ne vois pas que toutes les bouteilles sont
vides?

En moins d'une demi-heure, quatre
nouvelles bouteilles furent décoiffées, et
l'honnête Corniquet était si content d'avoir
retrouvé sa femme, et sa vue était si trouble,
qu'il ne s'apercevait pas que son verre était
aussitôt rempli que vidé; de sorte qu'il buvait
à lui seul autant que les trois autres convives. Cela ne pouvait durer encore bien
longtemps; à l'avant-dernière bouteille, le
pâtissier balbutiait et n'y voyait plus, et avant
que la dernière fût vide, il dormait sur la table.

— Maintenant, dit l'officier, nous n'a-
vons pas de temps à perdre; allons, mes

bons amis, aidez-moi à déshabiller ce gaillard-là ; je lui laisserai mes habits en échange des siens ; j'espère qu'il n'aura pas à se plaindre.

— Quoi, Monsieur, vous allez...

— Je vais, mon cher camarade, prendre la clé des champs : vous sentez bien que je n'ai pas plus envie de passer cinq ans ici que Sophie n'a envie de retourner avec son mari. Allons vite, à la besogne.

Sophie qui, peu d'instants auparavant, se voyait dans la triste nécessité de *réintégrer*, comme disait l'honnête pâtissier, Sophie n'eut garde de désapprouver ce projet d'évasion. Quant à Henri, le cynisme de Sophie avait achevé de cicatriser la blessure de son cœur; il ne l'aimait plus, et il allait la voir s'éloigner sans en éprouver la moindre émotion.

La métamorphose du capitaine fut promptement opérée; on plaça le dormeur sur le lit, Henri se retira dans sa cellule, et le capitaine se dirigea hardiment vers le guichet, accompagné de Sophie qui s'efforçait de montrer l'assurance nécessaire.

— Je savais bien que je vous trouverais,

murmura sourdement l'officier en fronçant le sourcil, faisant la grimace et détournant la tête lorsqu'ils passèrent devant les guichetiers ; M. le préfet m'avait bien promis qu'on ne vous perdrait pas de vue.

Il est à remarquer qu'en pareilles circonstances les ruses les plus grossières sont presque toujours celles qui réussissent le mieux : portes et grilles s'ouvrirent sans difficulté devant les fugitifs, et le soir même ils arrivèrent à Versailles, chef-lieu du département de Seine-et-Oise, où par conséquent ils n'avaient plus à craindre les gardes du commerce, estafiers de la bonne ville de Paris.

Après avoir dormi deux ou trois heures, M. Corniquet se réveille, regarde autour de lui, et la première chose qu'il aperçoit c'est le restaurateur de la prison qui lui présente la carte à payer.

— Où suis-je donc? dit-il en se frottant les yeux... Ah ! je me souviens... Bichette ! Bichette ? Eh bien ! où est-elle donc ?

— Monsieur, la voici.

— Qui? ma femme ?

— Non, Monsieur, la carte à payer.

— En voici bien d'une autre!.. est-ce que cela me regarde? Adressez-vous à mon ami le capitaine...

— Monsieur, cela ne me regarde pas : le dîner a été servi au n° 30, je ne connais que le numéro, moi. Vous habitez le n° 30, donc il faut payer. Soixante-quinze francs cinquante centimes, voici la carte.

— Quand je vous dis que cela ne me regarde pas; je ne suis pas en prison, moi, que diable !

— Et où êtes-vous donc, s'il vous plaît?.. Allons, mon cher Monsieur, je vois bien que le champagne vous a tapé sur l'oreille; mais ça ne sera rien...

— Laissez-moi tranquille avec votre carte. C'est de ma femme que je m'occupe.. savez-vous où elle est, ma femme ?

— Cette jeune dame brune.. en chapeau rose ?

— Justement ; une jolie brune en chapeau rose... Eh bien ?

— Mais ce n'est pas votre femme, puisqu'elle est partie depuis deux heures avec son mari...

Ces dernières paroles furent un trait de lumière pour l'infortuné Corniquet.

— Les scélérats! les brigands! s'écria-t-il; j'aurais dû m'en douter...

Et voilà M. Corniquet qui, s'étant affublé tant bien que mal d'une petite tenue de capitaine, s'élance comme un furieux dans le corridor, et court vers la porte de sortie où le restaurateur, qui s'était mis à ses trousses, finit par l'atteindre : aux cris des deux champions, les gardiens arrivent; mais comme l'un ne cessa de parler de sa femme et l'autre de sa carte, que tous deux jurent, menacent, tempêtent, les gardiens n'y comprenant rien, les conduisent chez le directeur et là tout fut bientôt éclairci.

— Allons, je vous la paierai, votre carte... Je suis solvable! Dieu merci!..

— J'en suis charmé, dit le directeur; car le capitaine dont vous avez favorisé l'évasion était écroué ici pour dix mille francs, et si vous n'étiez pas solvable, je serais obligé de payer moi-même ses créanciers.

— Ah! mon bienheureux ange gardien! il ne manquait plus que cela... Mais non, je ne paierai pas...je ne puis être obligé de payer les dettes de ce diable enragé.. pour le dîner, passe encore; et pourtant c'est horrible... soixante-quinze francs. Faire payer un dîner soixante-quinze francs, et servir des macarons manqués... car ils étaient manqués vos macarons... c'est que je m'y connais, voyez-vous ! ce n'est pas à un élève du célèbre Carême que l'on peut en faire accroire... Quant aux dix mille francs, nous verrons... En attendant, je cours chez le préfet de police, je...

— Non pas, s'il vous plaît; en attendant, je vais vous faire conduire à la Force sous la prévention de complicité d'évasion.

— Grand Dieu !.. mais tous les démons de l'enfer sont donc déchaînés contre moi !.. à la Force, moi !.. en prison !

— Mais il ne tient qu'à vous d'être libre dans un quart-d'heure; faites-moi une reconnaissance des dix mille francs, et l'on va vous ouvrir les portes; de plus je vous promets de ne rien négliger pour faire reprendre le véritable débiteur, et si l'on parvient à l'arrêter, vous serez libéré sans débourser un sou.

Cette promesse diminua un peu la voilence du chagrin qui accablait l'infortuné mari : il signa tout ce qu'on voulut, et s'en alla chez lui la tête lourde, le cœur gros et les poches vides ; car sa bourse et sa montre étaient restées dans les habits à l'aide desquels le capitaine avait recouvré sa liberté.

Deux mois s'étaient écoulés depuis que Henri était sous les verroux, lorsqu'un jour il vit arriver dans la prison son cousin Bulard. La surprise de notre prisonnier fut doublement grande, car le chantre était habillé en véritable fashionable : gants jaunes glacés, montre de Breguet, chaîne du meilleur goût, rien n'y manquait.

— Comment, cousin, s'écria-t-il après avoir embrassé Henri, tu t'avises de te faire mettre en prison, et tu ne m'en dis rien ! c'est un mauvais procédé que je ne devrais pas te pardonner.

— Que voulez-vous, mon cher Antoine, j'ai fait des folies, j'ai été la dupe d'un fripon, ce sont des torts que j'expie, et il n'est pas juste que mes amis en souffrent ; voilà pourquoi je ne leur en ai rien dit.. mais je vois avec plaisir que vous avez fait dans le monde meilleure route que moi.

— Mon Dieu ! c'est tout naturel.. quand on est taillé d'une certaine manière.. qu'on possède une jolie voix... Hum ! hum !.. Les femmes, cousin, les femmes, il n'y a que cela.. mais il faut savoir les conduire, et ne pas se ruiner comme un sot pour aller pourrir ensuite sous les verroux. Heureusement tu es jeune, il n'y a pas de temps perdu ; je me charge de faire ton éducation.. en attendant, fais ta malle et partons.

— Comment ! que voulez-vous dire ?

— Je veux dire que ton écrou est levé et que nous allons déjeuner chez moi.

— Vous avez payé les six mille francs ? Ah ! mon cher Antoine, mon bon cousin...

Et le jeune homme se jeta dans les bras de Bulard.

— Mais vous êtes donc devenu riche ? reprit-il.

— Riche, c'est-à-dire... peut-être ; je ne sais pas au juste, mais cela s'éclaircira bientôt.

— Je ne comprends pas.

— Parbleu, mon garçon, je le crois bien, puisque je n'y ai encore rien compris moi-même. Je te raconterai cette histoire-là après déjeuner, car j'ai une faim dévorante et j'ai fait mettre à la glace une demi-douzaine de bouteilles dont tu me diras ton avis. Partons.

Une voiture les attendait à la porte ; en peu d'instants ils arrivèrent dans l'hôtel où demeurait Bulard, car l'honorable chantre avait quitté sa mansarde, et il occupait un fort joli logement de la rue Richelieu. Un déjeuner succulent attendait les deux amis, qui mangèrent vite et longtemps, et firent honneur à l'excellent vin dont Antoine avait parlé.

— Maintenant, cousin, dit Henri en prenant le café, j'espère que vous allez m'expliquer cette charmante énigme. Il est clair que vous avez fait fortune.

— Clair, mon garçon, ça n'est pas le mot, mais ça le deviendra, je l'espère. Écoute, et tâche de deviner. Un matin que je me disposais à me rendre à l'église pour y chanter une messe du Saint-Esprit qui devait me valoir une gratification, je reçois une jolie petite lettre sur papier rose et qui sentait bon... J'y trouve un billet de mille francs et je lis :

« Monsieur Bulard est expressément in-

« vité à aller prendre possession du logement
« que l'on a retenu pour lui rue de Riche-
« lieu, à l'hôtel des Princes; qu'il ne s'étonne
« de rien et soit sans inquiétude. »

Moi, je me dis : « Bon! voici le poulet,
la poulette ne tardera pas à se montrer.» Là-
dessus, je fais faux-bond à la messe du Saint-
Esprit, et je cours à l'hôtel indiqué : je dis
mon nom et l'on me conduit dans cet appartement. J'attends toute la journée, personne!
le lendemain, personne ! le troisième jour,
personne! Ça commençait à me sembler tant
soit peu hétéroclite et dérisoire ; mais le qua-
trième jour, nouveau poulet en papier rose
parfumé, nouveau billet de mille francs, et
ces lignes :

« Monsieur, vous avez pour cousin un
« jeune homme nommé Henri, auquel une
« personne qui ne veut pas se faire connaître
« en ce moment prend le plus vif intérêt. Si
« mes procédés méritent quelque reconnais-
« sance, veuillez ne rien négliger pour dé-
« couvrir où est maintenant votre cousin,
« savoir ce qu'il fait, quels sont ses amis,
« s'il a quelque nouvelle maîtresse, car on
« sait qu'il a rompu avec la première Dès

« que vous saurez quelqu'une de ces choses
« vous l'écrirez et remettrez la lettre cache-
« tée et sans adresse à la maîtresse de l'hôtel
« où vous demeurez : silence, discrétion,
« prudence. »

« Je me dis alors : « Puisque la charmante femme m'aime , puisqu'elle m'adore
et fait des folies pour me plaire , il est bien
naturel qu'elle s'intéresse un peu à mon estimable famille. » Je me mets donc en campagne; je bats le pavé de la capitale et je
finis par découvrir que tu es en prison pour
une somme de six mille francs. Ça me vexait !
ça me vexait excessivement ; mais il fallut bien
en prendre mon parti. Je fis donc ce que
m'avait recommandé la charmante femme,
car bien certainement ça ne peut être qu'une
femme charmante. J'écrivis : « Le cousin
« est en prison pour dettes; la somme est
« de six mille francs, plus les frais, etc. «

Le lendemain, troisième poulet en papier
rose; mais ce dernier était plus gras que les
précédents, il contenait dix billets de mille
francs avec ces mots : « Hâtez-vous, et que
« demain Henri soit libre. » Maintenant,
mon garçon , tu en sais autant que moi;

mais nous en saurons bientôt davantage, car je vais faire inscrire ton nom sur le registre de l'hôtel, et j'ai dans l'idée que ça amènera le dénouement après lequel je soupire.

— Voilà qui est vraiment extraordinaire, dit le jeune homme.

— Pas tant, mon garçon. Est-ce que nous ne sommes pas taillés de façon à trouver tout cela naturel?

Henri souriait en écoutant son cousin, qui était de la meilleure foi du monde et ne doutait pas qu'il eût fait la conquête de quelque princesse. Quant au mot de l'énigme, le pauvre garçon l'eût cherché pendant dix ans inutilement, aussi cessa-t-il de s'en occuper.

— Mon cher cousin, dit-il à Antoine, il ne faut pas trop se flatter et compter sur des éventualités auxquelles l'amour-propre peut donner l'apparence de certitudes.

— Qu'est-ce que tu nous chantes donc, toi, avec tes éventualités? Et les billets de banque, sont-ce des éventualités? Et les poulets sur papier rose? Et cet appartement dont on a payé six mois de loyer d'avance? Ah! tu appelles cela des éventualités! Sois donc tranquille, nous sommes en bon chemin et nous marcherons vite, c'est moi qui te le dis ; je parierais que vingt-quatre heures ne se passeront pas sans que nous recevions des nouvelles de ces dames ; et tu verras comment cela sera tourné !

— Tout cela est néanmoins fort étrange, et je ne sais pas jusqu'à quel point la délicatesse me permet d'accepter.

— Ta, ta, ta !.. qu'est-ce que c'est que ce langage-là ?.. Ne pas accepter !.. ne dis donc jamais des choses comme ça, Henri, ça me donne des souleurs ! Et puis qu'est-ce que ça te fait, puisque c'est moi qui reçois... Allons, encore un verre de rhum, et nous irons faire un tour aux Tuileries ; l'exercice te fera du bien ; cela dissipera les idées noires qui t'assiégent.

Ils sortirent ; en descendant l'escalier ils rencontrèrent une jeune et jolie femme qui, jetant sur Henri un regard de ses grands yeux noirs et pleins de feu, sembla tressaillir ; puis, détournant rapidement la tête pour cacher le rouge de pourpre qui couvrait son charmant visage, elle s'élança comme un trait vers l'étage supérieur et disparut.

Les cousins se promenèrent jusqu'à une heure assez avancée de la soirée ; le grand air fait tant de bien quand on sort d'une prison ! Il était plus de dix heures lorsqu'ils rentrèrent à l'hôtel : Bulard prend la clé de l'appartement, et Henri monte l'escalier en l'attendant ; mais à peine est-il parvenu à l'entresol, qu'il aperçoit la jolie personne qui lui est apparue quelques heures auparavant : cette fois, l'embarras de la jeune femme est plus grand encore ; car elle semble ne pas savoir si elle doit descendre ou monter, et pendant quelques secondes elle demeure tremblante à la place où vient de la voir Henri.

— Aurais-je le malheur de vous effrayer, Madame ? dit le jeune homme en s'arrêtant tout à coup.

Il s'écoula une demi-minute avant que la belle inconnue eût la présence d'esprit nécessaire pour répondre un : *non, Monsieur;* encore ces deux mots furent-ils prononcés d'une voix si émue, que Henri s'écria :

— Vous vous trouvez mal, Madame ! de grâce, veuillez prendre mon bras...

Et sans attendre de réponse, il prit l'un

des bras de la jeune dame, le plaça sous le sien, et lui demanda où elle voulait qu'il la conduisît.

— Ce n'est rien, Monsieur, je vous assure... un faux pas que j'ai fait en montant... J'allais au deuxième étage... Je sens que je pourrai monter seule.

Elle voulut dégager son bras ; mais Henri éprouvait une émotion trop douce en sentant ce joli bras trembler sur le sien, pour l'abandonner facilement ; il insista si vivement que force fut bien à la charmante femme de souffrir qu'il la conduisît jusqu'à la porte de son appartement. Là, elle appela sa femme de chambre, qui parut aussitôt. Henri tremblait à son tour : il aurait bien voulu demander la permission d'aller plus loin ; mais la résolution lui manqua ; il balbutia, salua assez gauchement, et ne sachant quelle contenance faire, il se pencha sur la rampe de l'escalier pour voir si chacun le suivait.

— Que diable fais-tu donc ? dit Bulard en l'apercevant ; je te cherchais dans la cour, et...

— Chut ! mon cher cousin, je viens de la voir, de lui parler... c'est un ange...

— Hein?.. de qui parles-tu?.. Tu as vu un ange à l'hôtel des Princes?

— Mon Dieu! mon cher cousin, vous êtes un cruel homme quand vous vous y mettez. Je vous dis que j'ai revu la jeune dame de tantôt... que je lui ai parlé... que... je viens de la conduire chez elle. Oh! le bonheur m'écrase aujourd'hui !

— Allons, allons, mon garçon, couche-toi. Tiens, je vais te faire apporter de l'eau et du sucre avec de la fleur d'orange, ça te calmera, tu dormiras bien, et demain tu ne penseras plus ni aux anges, ni aux diables. Tu seras raisonnable, j'aime à l'espérer, et et tu ne prendras plus la grisette du deuxième étage pour un ange du cinquième ciel... D'ailleurs la reconnaissance doit passer avant tout.

— Mon cher Bulard, je vous suis bien reconnaissant pour vos bons procédés; mais...

— Bon, bon!... assez sur ce chapitre; j'attends pour demain le poulet rose; nous verrons ce qu'il chantera, et nous tâcherons de nous tenir à la hauteur des circonstances... Bonsoir!

CHAPITRE II

Nouvelles amours.

Il y avait huit jours que Henri était libre, et Bulard commençait à concevoir de sé-rieuses inquiétudes ; car, depuis ce temps, la mystérieuse personne aux poulets roses, comme il l'appelait, n'avait pas donné signe de vie.

Henri, comme on le pense bien, ne par-tageait guère l'inquiétude de son cousin, et il avait plus d'une raison pour cela ; d'abord on sait quelle répugnance il éprouvait pour la position équivoque que le chantre avait acceptée avec tant de joie ; mais en outre, notre jeune homme était de nouveau amou-reux fou : il avait revu la jolie femme du second, lui avait parlé plusieurs fois, et il avait enfin, non sans quelque peine toutefois, obtenu la permission de se présenter chez elle, permission dont il usait si amplement qu'il passait des journées entières près de sa charmante voisine.

— Plus de nouvelles, mon garçon, lui dit un jour son cousin avec l'accent de la tristesse ; plus de petites lettres parfumées, pas une ligne, pas un mot, et par conséquent pas d'argent ! Au train dont vont les choses nous serons à sec avant la fin du mois ; et je me vois dans la douloureuse nécessité de me remettre à chanter des messes du Saint-Esprit et des chœurs d'opéra, ce qui ne laisse pas d'être singulièrement fastidieux, même pour les plus grands talents.

— Que voulez-vous que je fasse à cela, mon cher Antoine ? J'ai toujours pensé que vous aviez tort de compter sur le mystérieux personnage auquel il a plu de nous rendre quelques services : on se lasse de tout, et on doit se lasser bien vite de jeter son argent par les fenêtres. Notre protecteur est nécessairement un être capricieux ; le caprice a changé d'objet, nous n'en entendrons plus parler, et en vérité, je n'en suis pas fâché, malgré le plaisir que j'éprouverais à lui témoigner ma reconnaissance.

— Il peut bien y avoir quelque chose comme cela, Henri ; mais j'ai dans l'idée que cela aurait tourné autrement si tu n'avais pas été t'amouracher de madame Volnance, cette petite brune du second... Une femme de rien... que personne ne connaît... Ce n'est pas elle qui mettrait des billets de mille francs dans des poulets roses !.... on aura su tes liaisons avec cette grisette, car je soutiens que ce n'est qu'une grisette, et il n'en aura pas fallu davantage pour détruire le charme.

— Antoine, je vous pardonne ces paroles ; mais vous m'obligerez beaucoup de ne plus parler sur ce ton d'une femme que vous ne connaissez pas, d'une femme divine, que j'aime de toutes les forces de mon âme, c'est-à-dire comme elle mérite d'être aimée. Ah ! Bulard, si vous l'entendiez !.... si vous aviez passé quelques heures près d'elle !.... Jamais tant de grâces et d'esprit ne se trouvèrent réunis à moins de prétention... Oh ! c'est un ange !...

— A la bonne heure, mais cet ange-là m'a tout l'air de ne pas avoir le sou.

Et quand cela serait.

— Et puis une femme qui vit seule dans un hôtel garni.. où il se trouve toujours des étrangers très-riches...

— Qu'y a-t-il là d'extraordinaire? Madame Volnance est veuve ; un procès la retient à Paris.

— Ah ! c'est une veuve ! mais il me semble que tu ne pouvais pas sentir les veuves.

— C'est que je ne connaissais pas celle-ci, mon cher cousin, et plût à Dieu que je n'eusse jamais connu d'autre femme !.. Oh ! vous ne savez pas, vous ne pouvez savoir, Antoine, tout le plaisir que j'éprouve quand je sens sa main trembler dans la mienne, lorsque mon bras arrondi sur sa taille me permet de compter les pulsations de son cœur.. lorsque mes lèvres effleurent ses blanches épaules...

— Ah! tu en es déjà là !.. Diable, vous avez été vite!.. Eh bien ! tant mieux ; ça sera plutôt fini, et alors les poulets rosés reviendront peut-être.

— Décidément, mon cousin, nous ne parlons pas la même langue.

Henri était furieux, il sortit de peur que la discussion ne dégénérât en querelle, et il courut chez madame Volnance qu'il rencontra dans l'escalier.

— Vous sortez, Céline?

En ce moment deux jeunes gens montaient en ricanant à l'étage supérieur.

— Il paraît que l'on se permet les petits noms, dit l'un d'eux de manière à être entendu.

— Et crois-tu que l'on ne se permette que cela?

Henri pâlit; son premier mouvement fut de s'élancer vers les insolents; mais la jeune femme, qui se sentait défaillir, s'étant appuyée sur son bras, il se contint et la reconduisit chez elle. Céline se jeta dans un fauteuil, et de grosses larmes inondèrent son charmant visage qu'elle cachait de ses deux mains.

— Les misérables! se disait intérieurement Henri, ce sont des larmes de sang qu'ils verseront, eux!..

Puis appuyant ses lèvres sur ces jolis

doigts à travers lesquels les larmes se faisaient jour :

— Céline, ma Céline, dit-il, oh! c'est maintenant que je sens combien vous m'êtes chère! Oh! dites, dites-moi que je suis aimé ; que je possède ce cœur qui m'est plus précieux que tous les trésors de la terre... Dites-moi cela aujourd'hui, maintenant... C'est à genoux que je vous en prie...

La jeune femme ne pouvait répondre, la douleur la suffoquait ; car elle entrevoyait les suites de cette aventure. Il se fit quelques instants de silence ; puis tout à coup la jolie veuve se leva ; elle ne pleurait plus ; son visage semblait animé d'un feu extraordinaire.

— Oui, mon Henri, je t'aime! oui, je suis à toi, dit-elle en se jetant dans les bras du jeune homme qu'elle pressa convulsivement sur son cœur... Et il y a longtemps que je t'aime, Henri!.. Oh! j'ai tant souffert! et j'étais si heureuse depuis huit jours !.. Oui, Henri, il y a longtemps que tu es ma vie, mon Dieu, l'unique objet de toutes mes pensées... Veuve à vingt ans, je te vis, et mon cœur se donna ; mais le tien appartenait déjà à une autre.

Et cependant, je devais mourir ou te posséder. L'excès de mon amour me fit songer à employer la violence ; je fis pressentir ton père ; ma main lui fut proposée pour toi... Il me semblait que nous voyant chaque jour, à chaque instant, je parviendrais à me faire aimer. J'étais riche ; l'alliance proposée fut approuvée de ton père ; mais tu la repoussas, toi... Alors je vins à Paris : tu es jeune, ardent, tu devais faire des folies, des fautes, peut-être... Je voulais être ton ange gardien, et tromper ma douleur en veillant sur toi ; mais il se passa plusieurs mois avant qu'il me fût possible de connaître le lieu de ta retraite, et lorsque je parvins à la découvrir, tu étais sous les verroux...

— Céline... C'était toi !... Oh mon Dieu ! je n'avais pas mérité tant de bonheur !.. Oui, oui, tu es mon ange gardien... mon ange bien-aimé !..

— Et maintenant, Henri, voudrais-tu enfoncer un poignard dans ce cœur qui depuis si longtemps ne bat que pour toi !.. Non, tu ne le voudras pas... Jure-moi donc, ami, que tu mépriseras les sots propos de ces étourdis.

Il se passa quelques instants sans que le jeune homme répondît, puis il dit :

— Céline, aimerais-tu un lâche? un homme que chacun aurait le droit de montrer au doigt? Non, non! c'est impossible!

Il fit quelques pas vers la porte ; la jeune femme se jeta de nouveau dans ses bras, et ils échangèrent un délicieux baiser.

— Maintenant, s'écria Henri, je défierais le ciel et la terre!..

A ces mots il sortit, et courut près de son cousin, qui dit en le voyant :

— Que t'est-il donc arrivé, mon garçon? tu me parais singulièrement agité.

— C'est le bonheur, mon cher Antoine ; je suis l'homme le plus heureux du monde!..

— En vérité?.. Ma foi, ça tombe bien ; car je ne le suis guère, moi : le curé de St-Roch m'a envoyé au diable, et le directeur de l'Opéra m'a envoyé à monsieur le curé... Conte-moi donc comment ça t'est venu.

— Cela serait trop long, mon cher cousin, je n'ai pas de temps à perdre : il faut

que je me batte dans une heure, et comme
j'ai deux adversaires, je vous ai choisi pour
être mon second.

— Ah çà, mon garçon, tâchons donc
d'avoir le sens commun. Que diable me
chantes-tu ? Tu es heureux et tu te bats, je
n'y comprends absolument rien.

— Eh bien ! il faudra faire comme si vous
compreniez... Je cours acheter des pistolets,
de la poudre, des balles ; pendant ce temps,
vous irez trouver ces deux grands jeunes
gens... vous savez, au troisième étage ?...
Vous leur direz : « Messieurs, vous êtes des
insolents, des drôles... »

— Eh ! pourquoi diable irai-je dire cela
à des gens qui ne m'ont pas insulté ?

— Ils ne vous ont pas insulté directe-
ment, cousin, cela est vrai ; mais tâchez de
vous persuader qu'ils vous ont gravement
offensé... qu'ils vous ont donné des soufflets,
par exemple... avec un peu de bonne volonté,
vous y parviendrez.

— A me faire donner des soufflets ?

— Non, mais à croire que vous en avez
reçu.

— Diable m'emporte si je comprends un mot à tout ce galimatias-là!..

— Eh! mon Dieu! je n'ai pas besoin que vous compreniez : battez-vous, tuez votre homme, et je ne vous en demande pas davantage.

— Mais il me semble qu'il serait difficile d'en demander plus... *Battez-vous, tuez votre homme...* c'est absolument comme si tu disais : « Pour jouer de la flûte il ne s'agit que de souffler et remuer les doigts... » C'est que, vois-tu, mon ami, ces gaillards-là ne me font pas l'effet d'être d'une pâte à se laisser promener pendant quatre heures sur le pavé du roi sous prétexte de chercher des armes. Cela était bon avec ton Corniquet... D'ailleurs un mari ça n'est jamais bien dangereux ; mais deux grands gaillards taillés en Hercules, c'est une autre paire de manches...

— Puisque vous avez peur, Antoine, je me battrai seul contre eux.. adieu!

— En voici bien d'une autre, maintenant! moi, avoir peur?.. Allons donc! Tiens, mon garçon, prenons un verre de rhum, ça nous éclaircira les idées...

— Je ne veux rien prendre.

— Eh bien ! j'en prendrai deux, moi ; ça sera la même chose...

En parlant ainsi, Antoine avait bu deux verres de rhum ; il en but un troisième au bout de la phrase, en manière de point d'orgue ; puis enfin, comme la bouteille était aux trois quarts vide, il acheva de la vider.

— Tu dis donc que nous allons nous battre, bien ! très bien ! mais pourquoi nous battrons-nous ?

— Je vous ai dit que ces gens m'ont insulté ; si cela ne vous suffit pas, je vous dirai qu'ils ont insulté en même temps Céline, ma bien-aimée...

— La petite du second ?

— Oui. Et savez-vous ce que c'est que *la petite du second ?* C'est cette veuve de notaire que j'avais refusé d'épouser, et que j'adore aujourd'hui. C'est à elle que je dois ma liberté, que vous devez tout ce que vous possédez maintenant.

— En vérité ? Comment, les petites lettres parfumées...

— Étaient de Céline.

— Je commence à comprendre, cousin !

on passait par moi pour arriver jusqu'à toi.

— Oui ; il y avait quelque chose comme cela.

— Alors, je n'hésite plus. Tiens, la bouteille est tout-à-fait vide. Je vais trouver nos particuliers et leur laver la tête de la bonne manière !

— Très bien ! les deux Anglais, nos voisins, seront nos témoins ; s'ils refusaient, vous en chercheriez d'autres, puis vous vous rendrez tous à la barrière de l'Étoile, je vous y attendrai.

Une heure après, témoins et combattants se réunissaient près de l'arc de triomphe de l'Étoile : il ne pouvait être question d'arrangement ; car Bulard, grâce à son excellent rhum, avait commencé l'explication par renverser d'un coup de poing l'un des deux jeunes gens qui lui avait ouvert la porte quand il s'était présenté chez eux, et tandis que le premier se relevait, il menaçait le second de le jeter par la fenêtre. On s'enfonça donc dans le bois ; les témoins réglèrent le combat et placèrent les quatre adversaires à trente pas l'un de l'autre, en leur donnant le droit de faire chacun dix pas en marchant l'un sur l'autre. Henri était tellement impatient d'en finir, qu'il franchit les dix pas en un clin d'œil et fit feu ; mais cette précipitation lui fut fatale ; car il ne toucha pas son adversaire, qui, profitant de tous ses avantages, fit feu à son tour et atteignit au côté droit l'infortuné jeune homme qui tomba sur le coup et perdit connaissance.

La vue de son cousin expirant donna à Antoine un courage de lion ; il s'avança jusqu'à la limite, essuya le feu de son antagoniste à dix pas sans prendre la peine de s'effacer, et il eut le bonheur de n'être pas atteint par la balle, qui lui siffla aux oreilles.

— A moi, maintenant, dit-il avec rage.

Mais la fureur lui trouble la vue, le coup part et son adversaire reste debout.

Alors Bulard s'élance vers son cousin, que les témoins s'empressaient déjà de secourir. En ce moment, une voiture qui allait comme le vent arrive sur le champ de bataille ; une femme met pied à terre et court vers Henri en jetant des cris de désespoir : c'était Céline !

Cependant les témoins ayant déclaré l'honneur satisfait, les adversaires des deux cousins se retirèrent, et tandis que Bulard et les témoins soutenaient le blessé dans leurs bras, la jeune femme appuyant ses lèvres de rose sur le sein du moribond, aspirait le sang afin d'éviter l'hémorragie intérieure. Au bout de quelques instants, le jeune homme ouvrit les yeux.

— C'est vous, Céline? dit-il d'une voix faible. Oh! tant mieux, la mort me sera douce.

— Non, tu ne mourras pas, Henri, mon bien-aimé. Messieurs, je vous en conjure, portez-le dans ma voiture.

Le mouvement de la voiture avait de nouveau fait perdre connaissance au blessé, dont la tête reposait sur le sein de la jeune femme, qui tentait de le ranimer en le couvrant de baisers et l'inondant de larmes. Enfin on arriva à l'hôtel; des chirurgiens furent appelés.

— Sauvez-le, Messieurs! disait madame Volnance à genoux près du lit; au nom de Dieu, sauvez-le, et tout ce que je possède est à vous.

Il fallut d'abord élargir la plaie pour en extraire la balle; puis on sonda la blessure, et ce fut alors seulement que l'un des

docteurs déclara qu'il ne la croyait pas mortelle.

Les chirurgiens s'en allèrent après avoir
posé le premier appareil, et on engagea madame Volnance à se retirer ; mais ce fut inutilement : elle s'établit près du blessé et déclara qu'elle ne le quitterait pas tant qu'il
courrait le moindre danger.

— Ma foi, disait Antoine, faut convenir
que c'est gentil d'être aimé comme ça ; mais
ça lui coûte un peu cher, au pauvre garçon ;
il ne l'a pas volé !

Et comme Henri avait entièrement recouvré l'usage de ses sens, et que le plus
grand silence avait été recommandé près de
lui, Bulard se retira triste et pensif : ce n'é-
tait pas sans raison, car indépendamment du
malheur arrivé à son cousin, il sentait bien
qu'il ne devait plus compter en aucune manière sur les poulets roses ; qu'il allait se
trouver réduit à faire de nouveau l'admira-
tion des dévotes en attrapant des rhumes de
cerveau sur les dalles d'une église, et qu'il
lui serait difficile de renouveler l'habit de
Staub, réunion de calamités qu'il ne pouvait
envisager sans effroi.

CHAPITRE III.

Projets.

Grâce à sa jeunesse, à son excellente constitution, au talent des médecins et aux soins dont il fut entouré, Henri se trouva, en quelques jours, tout-à-fait hors de danger; mais madame Volnance ne voulut pas le quitter avant qu'il fût en état de se lever; la charmante femme s'était fait dresser un lit dans la chambre même du blessé; elle s'était exposée à toutes les critiques, elle avait bravé toutes les convenances; son amour-propre l'avait emporté sur toutes les autres considérations.

Et comme Henri était heureux! comme il se sentait avec délices revenir à la vie! Le brave jeune homme ne croyait pas avoir payé son bonheur trop cher, et peu s'en fallait qu'il ne bénît la balle qui l'avait frappé.

— Mon cher Henri, lui dit un jour Bulard, je reprends dès demain ma place dans les chœurs de l'Opéra ; j'y suis admis de nouveau, et cette fois je ne renoncerai plus si légèrement à la réalité pour courir après l'ombre.

Ces paroles firent sourire madame Volnance, qui était près du jeune homme.

— J'espère, monsieur Bulard, lui dit-elle, que vous ne me garderez pas rancune. Faisons la paix, ajouta-t-elle en lui tendant la main, il ne faut pas se brouiller avec sa famille.

La jolie veuve rougit un peu en prononçant ces dernières paroles ; Bulard s'en aperçut, et il serra doucement cette petite main qu'on lui offrait en signe de réconciliation.

— On ne m'ôtera pas de l'idée, se disait-il, que cette petite femme-là m'aimait.

Puis, interrompant tout à coup ses réflexions, il s'écria :

— Eh bien ! mes enfants, à quand les noces ?

— Dans quinze jours, cousin ; je serai

bien certainement tout-à-fait rétabli d'ici-là; quinze jours ! il me semble que cela ne finira jamais !... J'ai écrit à mon père, et nous l'attendons : car nous sommes décidés à nous marier à Paris, et à nous y fixer.

— Tu as raison, cousin, tu as parfaite-ment raison ; il n'y a que Paris où l'on puisse faire son chemin... où l'on trouve des veuv...

Il s'interrompit brusquement.

— Diable ! pensa-t-il, j'allais dire des bêtises !

Et il reprit :

— Et puis cela fait que nous nous ver-rons souvent...

— Nous vous prendrons en pension, si vous y consentez, afin de ne pas nous quit-ter.

— J'accepte de tout mon cœur, si cet arrangement convient à la jolie cousine.

— Mon cher Antoine, c'est à Céline elle-même que cette idée est venue.

— Oh ! ma foi, vous êtes d'excellents amis... et maintenant je ne regrette plus du tout le sacrif... Allons ! voilà encore que je dis des âneries... le sacrifice que j'ai fait de mes emplois, puisque j'en ai déjà recouvré un, et que la perte de l'autre est si bien compensée.

Bulard sortit assez satisfait de la tournure que prenaient les choses. Comme il descendait l'escalier, il rencontra le pâtissier de Châteauroux, et l'arrêta par le bras :

— Qui diable cherchez-vous ici, monsieur Corniquet?

— Ah! mon cher Monsieur, vous voyez un infortuné mari...

— Parbleu! je sais bien que vous êtes mari autant qu'il est possible de l'être, et ce n'est pas cela que je vous demande. Je parierais que vous veniez trouver mon cousin Henri!

— Précisément!... c'est que...,

— C'est que, c'est que vous allez, s'il vous plaît, tourner les talons plus vite que ça. Le pauvre garçon a bien assez d'une balle dans la poitrine sans que vous alliez l'assommer de vos sottes plaintes.

— Mais, mon cher Monsieur, vous ne savez donc pas...

— Bon, bon, vous me conterez vos balivernes ailleurs.

Et Bulard entraîna sans plus de cérémonie l'honnête pâtissier dans la rue, où ce
dernier reprit :

— Vous ne savez donc pas que ma femme
se moque de moi?... Oui, Monsieur, elle se
moque de moi, c'est comme j'ai l'honneur de
vous le dire ; j'en ai acquis la triste certitude.

— Eh bien, qu'est-elle devenue, votre
femme?

— Ah! qu'est-elle devenue? voilà précisément ce que je cherche à découvrir...
D'abord, en quittant le capitaine de hussards... Vous savez sûrement qu'il y a un
capitaine de hussards? un grand vaurien qui
s'avise de me griser en prison, et de me faire
payer ses dettes... Dix mille francs seulement ! et une carte de soixante-quinze francs
cinquante par-dessus le marché. En quittant
donc le hussard, la pauvre petite est tombée
dans les carabiniers, puis elle est passée dans
l'artillerie ; mais l'on m'a assuré positive-
ment que, depuis une quinzaine, elle est
retombée dans le civil. Alors j'ai naturelle-
ment pensé à ce mauvais sujet de Henri,
cause première de tous mes chagrins, et je
venais lui dire : Monsieur, vous avez magné-

tisé ma femme, vous l'avez enlevée, vous l'avez perdue, et vous l'avez probablement retrouvée; eh bien, rendez-la-moi, et je vous pardonne. Si vous refusez de me la rendre, je déclare que je vous regarde comme un homme sans délicatesse. Comment trouvez-vous cela, Monsieur?

— Moi? je vous trouve admirable, ma parole d'honneur ! Et quand Henri pourrait vous rendre votre femme, à laquelle il ne pense plus depuis longtemps, qu'en feriez-vous?

— Ce que je ferais de Minette? Pauvre Moutonne ! mais je la dorloterais, je la bichonnerais, je...

— Et elle vous enverrait promener. fait, mon cher ami, cela se conçoit; comment voulez-vous que l'on puisse aimer un mari qui s'appelle Corniquet?

— Dame! il est bien possible que le nom soit pour quelque chose dans... mais on ne peut pas se baptiser soi-même.

— Non, mais il est très facile de se débaptiser et de se rebaptiser... Parbleu, mon cher monsieur Corniquet, il me vient une idée ! Tel que vous me voyez, je puis vous faire créer chevalier ; quant à votre nom, on peut le rendre charmant en y changeant fort peu de chose... Par exemple il ne tiendra qu'à vous d'être avant trois jours monsieur de Quernicot, chevalier de l'Eperon d'Or, et de mettre un ruban rouge à votre boutonnière ; je parierais qu'il n'en faudra pas davantage pour que votre femme devienne folle de vous.

— Chevalier de l'Éperon d'Or ! qu'est-ce que cet ordre-là ?

— Un ordre admirable, créé par notre saint-père le Pape, avec croix et cordon rouge. Cela vous coûterait plus de dix mille francs à Rome ; je me charge de vous le faire avoir pour moitié moins sans quitter Paris.

— Ah çà ! est-ce bien sérieusement que vous parlez ?

— Très sérieusement, je vous jure.

— C'est que je me souviens de votre procédé pour faire voir des étoiles au conseil municipal, et....

— Allons donc ! c'était une plaisanterie ; mais on ne plaisante pas avec l'ordre de l'Eperon d'Or... D'ailleurs, vous ne compterez

3

l'argent qu'après avoir reçu votre brevet de chevalier.

— Et ma femme ?

— Soyez tranquille, dès qu'elle vous saura chevalier, je vous garantis qu'il n'y aura ni hussards, ni carabiniers capables de la retenir.

— Touchez là, mon cher Monsieur ; c'est une affaire conclue... Il en arrivera ce qu'il pourra, je me fais chevalier.

— La cérémonie de réception ne pourra se faire qu'après demain. Donnez-moi votre adresse et tenez-vous prêt : j'irai vous prendre à midi.

— Et nos deux interlocuteurs se séparèrent enchantés, l'un de faire un chevalier et l'autre de le devenir.

M. Corniquet ne se sentait pas de joie : il allait être chevalier ; il aurait désormais un énorme cordon à sa boutonnière, il s'appellerait de Quernicot, et il serait aimé de sa femme ! tout cela moyennant cinq mille francs ! Le pauvre homme en eût donné dix mille pour moitié moins. Aussi ses préparatifs furent-ils faits en temps utile : dès le matin du second jour, il était sous les armes, c'est-à-dire que sa barbe était faite, qu'il avait endossé l'habit noir et chaussé les bas de soie; il y avait plus de trois heures qu'il attendait avec une impatience indicible, lorsque Bulard arriva.

— Partons, mon cher chevalier, dit-il en entrant; le délégué de monseigneur le nonce du pape nous attend... Avez-vous préparé la somme?

— Je l'ai dans mon portefeuille.

— Donnez-la-moi, cela me regarde; vous sentez, mon cher ami, qu'il y a une certaine manière de faire les choses, et qu'il ne faut pas attaquer la note trop brusquement... Ne vous inquiétez de rien, je me charge de tout.

Les cinq mille francs ayant passé, selon l'usage, de la poche du protégé dans celle du protecteur, tous deux montèrent en voiture et arrivèrent bientôt dans la rue du Colombier, où ils mirent pied à terre à la porte d'une maison d'assez chétive apparence.

— Suivez-moi, dit Bulard,

Ils entrèrent, traversèrent une petite cour sale et sombre, et s'engagèrent dans un escalier gothique.

— Diable! dit Corniquet en arrivant au troisième étage, le délégué de monseigneur le nonce demeure bien haut!

— Silence! nous y voici.

Bulard tira le cordon d'une sonnette, et la porte devant laquelle ils se trouvaient s'ouvrit presque aussitôt; une jeune servante au visage égrillard, à l'œil mutin, fit traverser aux visiteurs une petite pièce sombre d'où ils furent introduits dans une autre pièce où ils trouvèrent M. le délégué.

—Monsieur le commandeur, dit Antoine, j'ai l'honneur de vous présenter monsieur de Quernicot, auquel, sur ma recommandation, vous avez bien voulu vous intéresser.

— Ah! ah! c'est là Monsu... Comment que vous dites cela, mon ser ami?

— Monsieur de Quernicot, brave gentilhomme... admirateur des vertus de Monseigneur le nonce, de celles de M. le délégué... et de l'ordre infiniment glorieux de l'Éperon-d'Or.

— Ah! zé souis zarmé, mon ser ami, zé souis très zarmé...

— Quant à la question d'argent, dit Bulard, c'est moi que cela regarde, et le délégué de monseigneur sera satisfait.

En parlant ainsi, il fit un signe d'intelligence à l'Italien qui, impatient de palper les espèces, se hâta de donner à son client l'absolution, l'accolade, les insignes de l'ordre et le brevet que Bulard avait fait préparer la veille.

— Et maintenant je suis chevalier? dit M. Corniquet en ouvrant de grands yeux étonnés.

Tout ce qu'il y a dé plous cévalier, mon ser.

C'est singulier, se disait le pâtissier, ça ne me fait pas l'effet que je croyais. Mais enfin je suis chevalier, puisque j'ai mon brevet dans ma poche...

Pendant qu'il se promenait de long en large, qu'il se carrait, qu'il se mirait dans les petites glaces du faiseur de chevaliers, Bulard, qui avait promis à ce dernier de le payer généreusement, lui glissait un billet de cinq cents francs dans la main.

— Mon ser ami, dit le saint homme, amenez-moi des clients à ce prix-là; ze vous ferez une zolie remise, et vous aurez les indulzences plénières par-dessus le marzé.... En attendant ze vous donne ma bénédiction.

—Gardez cette monnaie-là pour les amateurs, lui répondit le chantre; est-ce que je ne suis pas un peu du métier?

Puis se tournant vers le pâtissier, qui se rengorgeait et faisait la roue comme un poulet d'Inde au soleil :

—Monsieur le chevalier de Quernicot, lui dit-il, je suis à vos ordres. J'espère avoir l'avantage de vous rendre encore quelques petits services; car désormais nous sommes intimes, n'est-il pas vrai?

— Oui, oui, mon cher ami... désormais je suis... je suis le chevalier de Cor... Ah! diable... j'aurai de la peine à attraper ce nom-là...

— Soyez tranquille, je vous y accoutumerai. Partons, car j'ai une faim d'enfer, et j'imagine que votre nouvelle dignité ne vous a pas ôté l'appétit.

— Ma foi, pensait Bulard, il faudrait y mettre de la mauvaise volonté pour ne pas convenir que je suis un garçon d'esprit. Pour mon début dans la carrière diplomatique, je m'en suis admirablement tiré. C'est encourageant, et ce serait vraiment dommage que j'en restasse là.

CHAPITRE IV.

Le bal interrompu.

Tandis que Bulard se donnait des peines inutiles pour retrouver la trop sensible Sophie, afin de remettre son protégé en possession de cette propriété qui aimait tant à changer de propriétaire; Henri, toujours environné des soins les plus tendres, avait entièrement recouvré la santé : les deux amants goûtaient un bonheur que rien ne semblait devoir troubler. Que de charmants projets ils formaient pour l'avenir! Chaque jour on ajoutait quelque chose à ce délicieux programme.

— Nous passerons l'hiver à Paris, disait Henri, nous aurons un appartement tout petit... Le bonheur ne tient pas beaucoup de place ; nous serons toujours le plus près possible l'un de l'autre.

— Et puis, pas de domestiques, ajoutait la charmante Céline, une seule bonne pour les soins du ménage... Je veux t'aimer sans contrainte, mon ange chéri, te presser sur mon cœur sans avoir à craindre des regards indiscrets...

— Pour l'été, nous aurons une jolie maisonnette... sur une verte pelouse, tout près d'un bois, d'un grand bois bien sombre...

Ce chapitre entamé, je laisse à penser, à deviner toutes les choses prodigieuses que les amants se proposaient de réaliser.

Cependant le père de Henri était arrivé, tous les préparatifs étaient terminés. Enfin, le grand jour arriva, et ce fut bien, pour nos heureux amants, le plus beau jour de la vie.

Le brave Antoine, qui s'était donné beaucoup de mal pour retrouver madame Corniquet sans pouvoir y parvenir, avait fini par y renoncer.

— Mon cher, dit-il au chevalier de l'Éperon-d'Or, je vous conseille, en ami, de vous en remettre au temps pour retrouver

votre Bichonne; cette femme-là est comme
une anguille, chaque fois que l'on croit la
saisir, elle vous glisse entre les doigts.

— Comment, Minette, vous a glissé....

— Imaginez-vous que j'ai été dix fois
sur le point de la saisir, mais il se trouvait
toujours là quelque gaillard aux moustaches
rouges ou noires qui la couvait des yeux et
semblait me dire : si tu ne veux pas que je
te mette six pouces de fer entre les côtes,
je te conseille de passer ton chemin......
Croyez-moi, prenez patience; au train dont
y va votre jolie petite femme , ça ne peut
pas durer longtemps, elle fera le tour du
cercle , et reviendra nécessairement à son
point de départ, c'est-à-dire à son estimable
mari, et elle y restera par la raison toute
simple qu'elle aura fait un cours d'anatomie-
pratique complet, et que rien n'est aussi fa-
tigant que l'étude de cette science-là.

— Ah ! vous croyez que c'est unique-
ment pour étudier l'anatomie qu'elle...

— Il n'y a pas d'autre raison : c'est une
femme qui sera excessivement savante, lorsqu'elle vous reviendra.

— Quel dommage qu'elle ne me revienne

pas tout de suite! on ne m'ôtera pas de l'i-
dée que si elle me voyait en habit noir....
avec mon cordon... elle en deviendrait folle
de joie et ne penserait plus à l'anatomie.
Vous n'avez pas osé lui parler, eh bien!
je l'oserai, moi!... Dès aujourd'hui je me
mets en campagne, je cherche jour et nuit,
je mets, s'il le faut, Paris sens dessus dessous.... Il n'y a pas de carabiniers ou de
hussards qui tiennent, il me faut ma femme,
je la veux!... Oh! sacrebleu! c'est que je
finirai aussi par me mettre en colère!..

Le chantre, qui avait été pris d'un accès
de fou rire, laissa l'honorable chevalier s'es-
crimer d'abord tout à son aise, puis enfin
il s'écria :

— Grâce! mon cher ami, grâce, pour
l'amour de Dieu! vous me feriez mourir!

— Eh bien! mon cher, tant pis pour
vous!... Je n'entends plus rien, je ne connais plus rien!... D'ailleurs, je ne suis pas
éloigné de croire que certaines gens se mo-
quent de moi! Eh bien! nous verrons,
Monsieur! Rira bien qui rira le dernier!

Bulard se retira sans pouvoir répliquer,
tant il riait encore de grand cœur; et il

alla trouver Henri, non pour lui faire part
de cette scène burlesque, mais pour s'entendre avec lui relativement à la cérémonie
du lendemain, car c'était le lendemain
qu'Henri et Céline devaient être unis du
lien indissoluble, et le chantre, en sa double
qualité de parent et d'ami, se trouvait in-
vesti du titre d'ordonnateur.

Il luit enfin, ce jour tant désiré! Le maire
de l'arrondissement, besicles en tête, écharpe
aux reins et code à la main, a solennelle-
ment déclaré que, par la grâce du code civil et la sienne à lui, honorable magistrat,
les amants sont devenus époux. Puis, ce fut
le tour du curé de la paroisse, qui déclara
à son tour, qu'avec la permission de monsieur le maire, et des autorités compétentes,
le bon Dieu mettrait quelque peu du sien
dans cette affaire.

En sortant de l'église, on se rendit au
Cadran-Bleu; le banquet fut charmant, car
les convives étaient choisis et peu nombreux,
puis vint le bal, car Bulard avait pensé à
tout, et il avait fort bien fait les choses, ce
qui n'est pas difficile, lorsque cela ne coûte
rien. La joie brillait sur tous les visages,

et les quadrilles se succédaient rapidement, lorsque tout à coup une sourde rumeur se fait entendre dans l'escalier, puis une voix criarde domine le tumulte et pénètre jusque dans le salon de bal.

— Je vous dis qu'elle est ici, et qu'il me la faut sur-le-champ !... Je la veux, entendez-vous, je la veux tout de suite !... Oh ! les moustaches ne me font pas peur à moi !.. Les moustaches ne doivent pas faire peur à un chevalier... Je me moque autant des noires que des rouges...

— Mais, Monsieur, disait le maître de la maison, vous ne pouvez entrer dans ce salon ; la personne que vous cherchez ne s'y trouve sûrement pas, c'est une noce.... le bal est ouvert depuis une heure... Ce sont les noces de monsieur Henri Pointel....

— Ah ! le scélérat !.. j'aurais dû m'en douter ! Je parie qu'il épouse ma femme, le monstre !..

A ces mots, un petit homme en habit noir, décoré d'un énorme cordon rouge, s'échappant des mains des garçons qui le retenaient, pénètre dans le salon et 'élance au milieu des danseurs en criant comme un énergumène :

— Où est-il, l'infâme !.. Épouser ma femme ! c'est un peu fort !.. Ah ! Bichonne, Bichonne, ça n'est pas bien ce que tu fais là...

— C'est M. Corniquet ! dit Bulard.

— Mais cet homme est fou, s'écria Henri.

Et le jeune marié, se faisant jour à travers la foule, atteint l'ex-pâtissier qu'il saisit au collet.

— De quel droit, Monsieur, venez-vous troubler les plaisirs d'honnêtes gens?.... Sortez !.. sortez bien vite, si vous ne voulez que je vous jette par les fenêtres.

Mais le brave Corniquet ne paraît pas du tout disposé à se rendre à cette invitation quelque peu brusque, il se démène comme un comme un diable et crie comme un damné. Tandis que les danseuses s'enfuient à l'extrémité du salon, à l'exception de la tendre Céline qui court à son mari, les hommes s'empressent autour de ce dernier qui tient M. Corniquet par les épaules et le pousse vers les fenêtres.

— Quel est cet homme ?

— Que veut-il?

— Est-ce un parent, un ami?

— C'est un fou! criait Bulard.

— Vous en avez menti, sacrebleu! cria de plus belle le pâtissier; je ne suis pas fou... C'est ma femme qu'il me faut... On ne m'en fera pas accroire; j'ai des renseignements exacts... Il y a trois semaines qu'elle a quitté les dragons pour entrer dans la garde municipale... Mais elle n'y est plus, et il n'y a pas deux heures que l'on m'a appris que je la trouverais au Cadran-Bleu... Fort heureusement le mariage n'est pas consommé... Nous le ferons casser... Oui, Minette, je te promets qu'on le cassera...

Il fut impossible d'en entendre davantage: des éclats de rire universels couvrirent la voix de l'infortuné mari; Henri lui-même fut désarmé, et rit comme les autres.

Tandis que, dans le salon, on s'égayait si bien des prétentions du chevalier de l'Éperon d'Or, qu'on le questionnait, qu'on se le renvoyait de l'un à l'autre, une scène d'un autre genre se passait dans l'un des cabinets particuliers voisins de la salle du bal. Madame Corniquet n'était pas *retombée dans le civil*,

selon l'expression pittoresque de son mari ;
mais, depuis vingt-quatre heures, elle avait re-
noué avec le capitaine de hussards, ce joyeux
garçon qui s'était si adroitement esquivé de
la prison pour dettes en y laissant à sa place
le malheureux pâtissier ; le capitaine avait
voulu faire un dîner de reconnaissance et
c'était précisément au Cadran-Bleu qu'il
avait conduit la volage Sophie. Depuis longtemps les amants en étaient au dessert, car le
dessert est toujours excessivement long dans
les cabinets particuliers, lorsque le bruit qui
avait tout à coup succédé à la musique attira
l'attention du hussard.

— Mais, le diable m'emporte ! s'écria-t-
il, c'est la voix de l'honorable Corniquet que
j'entends ainsi par-dessus les autres.

— Et quand cela serait ? répondit Sophie.
Mais c'est une sotte idée... au reste, il est
de bien bon goût de me parler de mon mari
en ce moment !

Ah ! ma chère amie, cela n'est pas généreux... Un mari modèle, un mari qui vous
adore... qui vous laisse adorer par d'autres
tant que vous le voulez... Et Dieu sait combien vous le voulez !.. Quand on a le bon-

heur de posséder un pareil mari, ma chère Sophie, on doit y tenir.

— Je vous suis fort obligée du conseil !.. Vraiment vous êtes charmant, Victor, vous êtes admirable aujourd'hui !

La vérité est que le capitaine avait été charmant, admirable même pendant plus de deux heures ; mais la longueur du dessert l'avait horriblement fatigué ; il avait le plus grand besoin, sinon d'un repos absolu, au moins de quelque distraction, et il n'était pas d'humeur à laisser échapper l'occasion qui se présentait de rire un peu.

— Allons donc ! dit-il en se levant, parce que l'on aime la femme, ce n'est pas une raison pour laisser tuer le mari.

Et le voilà qui s'élance dans le salon, se fait jour à travers la foule, et arrive à M. Corniquet au moment où ce dernier, hors de lui, s'écriait pour la vingtième fois :

— Vous me la rendrez, sacrebleu ! vous me rendrez ma femme, ou vous irez aux galères !.. ah ! scélérats que vous êtes ! vous croyez que je plaisante.

—Eh ! c'est notre vieil ami ! dit le capi-

taine en tendant la main au chevalier de
l'Éperon d'Or.

Mais ce dernier, faisant un pas en arrière,
s'écria :

— Il ne manquait plus que celui-ci ! mais
je suis donc dans un repaire de scélérats ?

— Comment, mon cher ami, vous avez
de la rancune... pour une plaisanterie ?

— Ah ! il prend cela pour une plaisanterie ! me faire payer dix mille francs pour
lui ! mais c'est de ma femme qu'il s'agit,
Monsieur ! Il faudra bien qu'on me la rende
ou que l'on dise pourquoi.

— Eh bien ! mon cher, je serai encore
plus généreux que vous ne l'exigez, car je
vais vous la rendre dans un instant, et je
vous dirai pourquoi tout de suite : c'est parce
qu'elle me coûte fort cher et qu'elle commence à m'enuyer.

Ces paroles calmèrent tout à coup la colère de l'ex-pâtissier.

— Mais, dit-il en balbutiant, ce n'est
donc pas Henri qui...

— Autrefois, mon cher ami ; il paraît
qu'autrefois *ce fut* M. Henri qui... mais il
y a longtemps de cela, et l'on ne doit jamais

parler des vieux péchés. D'ailleurs tout va
être réparé... Il est vrai que cette chère petite aime prodigieusement la nouveauté, cependant.....

— Non, Monsieur, non!... Ce n'est pas
la nouveauté qui lui tourne la tête à cette
chère Moutonne, c'est la science, c'est sa
passion pour l'anatomie qui lui fait faire des
sottises...

A ces mots une nouvelle explosion de
joyeux éclats couvrirent la voix de cette excellent homme; mais il ne s'en émut pas
davantage, et il reprit dès qu'il put se faire
entendre :

—Oui, Monsieur, cela est positif... De-
mandez plutôt à monsieur Bulard si ma
femme n'est pas folle de l'anatomie!

Cependant le capitaine, qui n'était pas
homme à reculer devant une folie qui lui
passait par le cerveau, s'était dirigé vers le
cabinet où il avait laissé la sensible dame,

— Allons, charmante amie, dit-il en en-
traînant la jeune femme dans le salon, venez, s'il vous plaît, consoler cet excellent
homme, ce mari modèle qui se meurt d'a-
mour pour vos beaux yeux.

— Monsieur ! Monsieur ! cela est affreux, indigne... Mon Dieu ! mon Dieu ! j'en mourrai !

Mais le capitaine l'entraînait toujours, et il ne s'arrêta que près de M. Corniquet aux pieds duquel Sophie tomba et perdit connaissance.

Cette dernière scène rembrunit tous les visages, on ne riait plus. Henri qui souffrait plus encore que les autres spectateurs, profita de la confusion pour s'esquiver avec sa chère Céline ; ils montèrent en voiture ; quelques minutes après ils étaient dans cet appartement que le jeune homme avait voulu si petit, et ils se trouvaient le plus près possible l'un de l'autre, je puis le certifier, bien que je ne l'aie pas vu.

— Ma chère Moutonne, disait l'honnête mari en prodiguant les secours à la jeune femme évanouie, regarde-moi donc... Est-ce que tu ne me reconnais pas, Bichonne ? Pauvre Minette ! c'est ma décoration qui aura produit cet effet-là... Oui, Moutonne, je suis chevalier... chevalier de l'Eperon d'Or, mais je n'en suis pas moins toujours ton petit Corni... C'est-à-dire de

Quernicot... Elle ne m'entend pas, cette chère petite femme !... La joie, voyez-vous, il n'y a rien de traître comme la joie ! l'infortunée est capable d'en mourir !...

— Ah ! la voici qui ouvre les yeux ! s'écria l'honnête mari transporté de joie... Allons, Moutonné, ne te fais pas de mal comme ça... Mon Dieu ! je sais bien que ce n'est pas de ta faute... Sans le magnétisme et l'anatomie, il est certain que nous eussions toujours été ensemble comme deux tourtereaux... Mais aussi je ne serais pas chevalier de l'Eperon d'Or, donc il y a compensation.

— Partons, Monsieur, sortons d'ici, je vous en prie !

— Partons, partons ! répéta l'heureux Corniquet transporté de joie... Oh ! j'étais bien sûr qu'il lui suffirait de me voir... Ecoute, Minette, je suis chevalier, c'est vrai. J'ai l'honneur d'être chevalier de l'Eperon d'Or ; mais ça ne m'empêchera pas de te faire de la pâte ferme... Je t'en ferai tous les jours... Je n'en ferai que pour toi... à condition que tu renonceras au magnétisme et à l'anatomie...

Et le brave homme, plus fier et plus heureux que s'il venait de conquérir un royaume,
sortit triomphalement du Cadran-Bleu, em-
menant, triste et résignée, sa femme dont il
était plus amoureux que jamais!

CHAPITRE V.

Comme on fait son chemin.

Il y a dans la vie la plus agitée des instants de calme parfait, mais il arrive souvent
que ce calme après lequel on a longtemps
soupiré devient plus insupportable que la
tempête. Ce fut justement ce qui arriva à
Henri. Pendant un an, après son mariage,
il se trouva le plus heureux des hommes : le
joli petit garçon ne s'était fait attendre que
neuf mois juste, déjà la charmante petite fille
était à moitié chemin. Il est vrai que rien
n'avait été négligé pour obtenir ce résultat :
les jeunes époux s'aimaient encore comme le
premier jour, et ils ne se lassaient pas de se

le prouver. Cependant, à la simple bonne
dont on s'était contenté d'abord, une femme
de chambre avait été adjointe; puis Henri
s'était dit qu'une cuisine confortable ne
pouvait rien gâter, et qu'il était très possible
de faire d'excellents dîners et d'adorer sa
femme; il en vint même à se prouver que
loin de s'exclure, ces deux choses avaient
une certaine affinité, et que, dans aucun
cas, l'amour du *bon* ne pouvait nuire à l'a-
mour du *beau*. En conséquence le personnel
domestique s'était encore augmenté d'une
cuisinière cordon-bleu, et il est vrai de dire
que les choses n'en allèrent pas plus mal.
Du reste, on avait toujours le petit appartement à Paris pour l'hiver, et l'on passait
l'été à vingt lieues de Paris dans une jolie
habitation où l'on pouvait goûter tous les
plaisirs de la campagne.

On était arrivé au mois de juillet du second été; la campagne était délicieuse, et
Henri était toujours amoureux; mais la vie
champêtre avait pour lui un peu moins d'at-
traits qu'elle n'en avait eu l'année précé-
dente, aussi faisait-il à Paris de fréquents
voyages, et les prétextes pour cela ne lui

manquaient pas : il avait toujours des affaires à terminer, quelques emplètes à faire, et
puis c'était un ami qui l'avait retenu, le
mauvais temps, le défaut de place dans les
voitures publiques; et après des absences
souvent très prolongées, la tendre Céline
était trop heureuse de le revoir pour songer
à se plaindre.

Un jour de cet été que Henri se promenait sur le boulevards, une élégante calèche
qui passait près de lui, s'arrêta tout à coup.

— Je ne me trompe pas! c'est mon jeune
ami! s'écria un personnage qui descendait
de voiture.

— Vous ici... Le chevalier des Futaies!.. Malheureux! savez-vous quels ris-
ques vous courez?

— Je sais, mon cher Henri, que j'ai eu
des torts envers vous, et je suis impatient
de les réparer. Quant au reste, il n'en est
pas question; c'est une affaire morte, enter-
rée, et si quelque mal avisé tentait de la ressusciter, cela ne m'épouvanterait guère...
On ne craint pas un sot de mauvaise humeur quand on a de l'esprit et cent mille

francs de rente, et c'est justement là mon fait.

— Vous avez... suis-je bien éveillé... Vous, le chevalier des Futaies... ex-habitant de la Cité, vous avez...

— Cent mille francs de rente, mon jeune ami; ni plus ni moins. Cela peut vous paraître extraordinaire, et c'est pourtant excessivement simple. Mais venez donc dîner avec moi; nous parlerons de cela au dessert.

— En vérité, je ne sais si je dois...

— Ah! mon ami, ce que vous dites là n'est pas bien... Il est vrai que les lettres de change ont pu vous donner de l'humeur, mais ma position était embarrassante; je ne pouvais penser à tout : le temps me manquait... Allons, ne parlons plus de cela, et montez dans ma voiture; je vais vous remettre la somme, et ma caisse vous sera toujours ouverte, je veux que vous le sachiez bien.

Henri avait peine à en croire le témoignage de ses sens; cependant il se laissa entraîner et prit place dans la calèche qui, au grand trot de deux superbes chevaux, se rendit dans la cour d'un somptueux hôtel. Le chevalier conduisit son ex-associé au travers de riches appartements, et le fit entrer dans son cabinet où, après avoir jeté quelques chiffres sur le papier, il dit :

— Six mille francs, avec les intérêts, les frais, etc., cela doit s'élever à environ trois mille écus, les voici... Quant aux désagrémens que cette malheureuse affaire vous a causés, cela ne peut s'estimer à prix d'argent ; mais j'espère qu'en signe de réconciliation vous voudrez bien accepter cette bague.

Et il présenta au jeune homme un énorme diamant admirablement monté.

— Il paraît, mon cher chevalier, dit Henri, qui jusque là était demeuré muet de surprise, il paraît que vous avez fait, depuis notre séparation, des opérations plus heureuses que votre colonisation à la Nouvelle-Hollande, et je vous en félicite bien sincèrement.

— Allons dîner, mon ami; je vous raconterai ce qui m'est arrivé.

Le dîner répondit à tout ce que Henri avait vu jusque là. Lorsque le dessert fut servi, le chevalier renvoya ses gens, et prit la parole en ces termes :

« L'histoire de la colonisation à Otaïti n'était qu'une fable : je n'ai jamais mis le pied à la Nouvelle-Hollande ; mais il fallait bien donner quelque pâture à ces trois oies d'actionnaires, enfin que les cordons de leurs bourses se desserrassent. Au reste, je ne faisais pas un plus mauvais usage de leur argent que ne le font la plupart des financiers, entrepreneurs, etc.

« Un autre eût probablement joué les fonds de ces imbéciles à la Bourse ; moi je trouvais plus commode de les jouer au trente-et-quarante : la chance m'a été contraire, m'eût-elle été favorable ailleurs ?.. Après tout, je ne prétends pas me justifier d'une manière absolue, tout joueur est plus ou moins fripon, car il n'en est pas un qui refuse la partie contre un autre qu'il soit moins habile que lui.

« Vous vous rappelez notre dernière assemblée d'actionnaires? J'étais parvenu à leur faire donner trente mille francs ; et je compris que je n'en obtiendrais plus rien désormais ; mais ces Messieurs manifestèrent la volonté de vérifier mes comptes et de censurer mes opérations ; cela ne pouvait me convenir ; je sentis que j'étais perdu si je restais à Paris. J'arrivai en Belgique avec la somme. Si je n'eusse pas empoché cet argent, on m'arrêtait, on me jetait en prison ; je serais peut-être aux galères maintenant ; je l'avais pris, toutes les barrières me furent ouvertes ; on me traita partout avec distinction, et je possède aujourd'hui un peu plus de deux millions.

« On ne peut pas toujours perdre au jeu ; une pièce de monnaie que l'on jette au hasard ne retombe pas toujours sur la face : je jouai en Belgique et je gagnai ; mes capitaux furent triplés en peu de temps ; mais certaines gens s'avisèrent de penser que j'étais plus habile qu'heureux ; on parla de cartes préparées, de dés pipés, la justice fit mine de vouloir se mêler de mes affaires, et je me rendis aux eaux de Badé, pour lui en éviter la peine.

« Il y avait beaucoup de monde aux eaux ; je ne tardai pas à m'y faire remarquer ; car je savais à propos jeter l'or par les fenêtres : je devins bientôt l'ami intime d'un prince allemand, et je me fis adorer de la princesse... Il ne faut pas que cela vous étonne, mon cher ami, l'Allemagne est la terre classique des princes, les altesses y poussent comme des champignons; on trouve à chaque pas, dans ce pays-là, de puissants souverains qui n'ont pas mille écus de rente, et régnent glorieusement sur trente ou quarante paysans. Toutefois le prince de Calenberg, mon illustre ami, était beaucoup mieux partagé que ces potentats; il pouvait, en temps de guerre, mettre six cents hommes sur pied; et ses propriétés particulières étaient estimées à plusieurs millions.

« La princesse était une grosse petite femme d'un blond douteux, qui frisait la cinquantaine; elle s'empiffait chaque jour de deux ou trois onces de tabac, se gorgeait de soupe à la bière, mangeait dix livres de choucroûte et digérait comme une autruche, ce qui ne l'empêchait pas de se plaindre sans cesse de la délicatesse de son estomac; elle venait aux eaux dans l'espoir d'y recouvrer l'appétit. Le prince était un homme gros, court, ramassé; il paraissait menacé d'apoplexie, et il croyait avoir le spleen.

« On comprend que les eaux ne produi-
sirent pas un effet miraculeux sur ce couple
intéressant ; à la fin de la saison la princesse digérait toujours avec la même facilité
une égale quantité de comestibles, et son
auguste époux n'avait pas maigri d'une ligne. Quant à moi, j'étais devenu le confi-
dent, l'inséparable de cette excellente pâte
d'altesses ; il est vrai que j'étais infatigable
près de la femme, et que je me laissais ga-
gner chaque jour quelques louis au trictrac
par le mari. Il ne tenait bien certainement
qu'à moi de devenir premier ministre à la
cour de Calenberg... Et remarquez, mon
cher ami, que ce n'est pas ici une histoire
de la Nouvelle-Hollande... Je pouvais, dis-
je, devenir ministre, mais je voulais être
quelque chose de mieux.

« — Votre altesse n'est pas guérie, dis-
je au prince, et ce n'est pas dans ce pays
qu'elle guérira ; il lui faut de la distraction,
et l'hiver est bien triste en Allemagne.

« — Ça être frai, mon ami, l'hifer être
drisde, drisde gomme dout !.. Mais ché pou-
foir pas faire une ortonnance gontre l'hifer.

« — Je le sais bien, et c'est justement

ce qui me mettrait au désespoir, si je n'avais trouvé le moyen de remédier à cet inconvénient.

« — Gomment, mon ger, fous êtes oune véritable brovitence !..

« — Mon Dieu ! ce que j'ai à proposer à votre altesse est chose toute simple : Paris est bien certainement la patrie des arts et des sciences, c'est le pays des miracles.

« — Ya ! Ya !.. Ché gonnaître pas ; mais ché afoir entendu barler.

« — Eh bien ! mon prince, que votre altesse vienne passer l'hiver dans cette ville divine, et je réponds de sa guérison... J'ai pour ami intime l'un des plus savants docteurs de la faculté, un homme capable de ressusciter les morts... S'il ne guérit pas votre altesse, je consens à être décapité.

« Le prince accepta ; quant à sa femme j'étais en position de l'emmener au bout du monde, si je l'avais voulu ; car la divine personne me croyait de fer, et elle était à peu près sûre de trouver partout du tabac et de la choucroûte.

« Pour moi, le coup était hardi ; reparaître à Paris moins de dix-huit mois après

ma disparition, c'était courir de grands ris-
ques ; mais j'avais foi en ma nouvelle fortune ; et puis j'étais sûr de retrouver là un
vieux camarade capable de me seconder...
Mais, mon cher ami, je parle, vous écoutez,
et les bouteilles restent pleines... Dégus-
tons, s'il vous plaît, ce véritable aï, et nous
continuerons ensuite.

Henri se rendit sans difficulté à de si
bonnes raison ; on vida deux bouteilles en
disant des folies, puis le chevalier, qui deve-
nait à chaque instant plus expansif, continua
son récit.

CHAPITRE V.

Crime et faiblesse.

« — Nous arrivâmes à Paris, reprit le chevalier des Futaies, et nous allâmes nous installer dans l'un des plus confortables hôtels de la rue de la Paix. Dès le lendemain, j'allai trouver le vieux camarade dont je vous parlais tout-à-l'heure.

« — Mon cher Barillon, lui dis-je, il me faut un médecin, un savant médecin.

« — Parbleu ! mon ami, ce n'est pas chose rare : les savants médecins pullulent à Paris ; ils semblent sortir de dessous les pavés, et je parierais qu'il y en a trois fois plus que de malades.

« — Je le sais bien ; mais c'est un médecin homme d'esprit qu'il me faut. Imagine-toi, mon cher Barillon, que je suis en ce moment l'ami de cœur d'une princesse allemande; mais une véritable princesse, dont le mari se croit dangereusement malade.

« — J'entends, et tu voudrais le guérir radicalement.

« — J'en serais enchanté, et la princesse s'en montrerait certainement fort reconnaissante envers le docteur.

« — Donne-moi des arrhes et le docteur est trouvé.

« Je mis un billet de mille francs dans la main de mon ami Barillon, et deux heures après il fit sa première visite aux altesses allemandes, qui en furent très contentes; les visites se renouvelèrent tous les jours pendant trois semaines; mais soit que la maladie dont le prince se croyait atteint fût incurable, soit que le docteur Barillon fût plus habile encore que je ne l'avais cru, son altesse mourut avant la fin du mois d'une congestion célébrale que l'on mit sur le compte d'une attaque d'apoplexie foudroyante.

« La princesse pleura selon l'usage, et

fit faire une livrée de deuil pour ses gens, et huit jours après il n'était pas plus question du prince de Calenberg que de ses illustres ancêtres.

— C'est horrible! s'écria Henri, si je comprends bien, cette mort fut le résultat d'une abominable machination, d'un crime épouvantable!

— C'est possible, mon cher ami; mais je n'en sais rien, et je ne suis pour rien dans ce crime, si crime il y a. Quant à Barillon, tout le mal qui pouvait lui en arriver c'était trois mois de prison pour exercice illégal de la médecine; mais il n'en fut rien, car les morts ne parlent pas, et les vivants n'avaient aucun intérêt à se plaindre.

« Vous pensez bien, mon ami, que je ne fus pas moins indispensable à la princesse après la mort de son mari que je ne l'avais été avant; j'étais sur les dents, et il était vraiment temps que cela finît. Au printemps nous retournâmes en Allemagne, où la douairière de Calenberg me fit l'honneur de m'épouser de la main gauche, après m'avoir fait son légataire universel par testament en bonne forme. Six mois après son altesse mourut d'une indigestion de choucroûte, et j'héritai d'un peu plus de deux millions ; mais j'étais devenu maigre comme un hareng fumé, il me fallait un régime confortable pour me remettre, et je m'empressai de revenir à Paris où désormais la fortune semble disposée à me filer des jours d'or et de soie.

« Maintenant, mon jeune ami, vous savez mon histoire. »

— Et franchement j'aimerais mieux n'en rien savoir.

— Allons donc ! mon cher ; il faut savoir marcher avec le siècle, et se tenir à la hauteur... Et vous, où en êtes-vous ? Avez-vous fait quelque heureuse spéculation ?

— Non ; mais j'ai épousé une femme charmante que j'aime et dont je suis aimé.

— Et qui vous a enrichi.

— Nous possédons vingt mille francs de revenu environ.

— C'est quelque chose ; mais ce n'est pas assez : vous êtes jeune ; il vous faut mieux que cela ; je me charge de vous faire doubler rapidement cette petite fortune.

— Grand merci : je me trouve assez riche, et ne veux rien risquer.

— Soyez donc tranquille, mon jeune ami, nous opérerons à coup sûr. Nous reparlerons de cela..... J'espère que vous voudrez bien me présenter à votre charmante femme, et que nous nous verrons quelquefois.

Henri regrettait presque de s'être laissé entraîner par cet homme ; il se disait que c'était un misérable capable de tout ; mais il était chez cet homme ; il venait d'en recevoir un présent, et puis Henri était malheureusement de ces gens qui ne savent pas dire non. Il chercha cependant à éviter la visite que le chevalier demandait à lui faire.

— Nous passons l'été à la campagne, dit-il ; ma femme est à vingt lieues de Paris.

— Eh bien ! tant mieux ! n'ai-je pas des voitures ?..... Demain, de grand matin, j'aurai des chevaux de poste, et j'irai vous prendre.. C'est une affaire convenue, n'est-ce pas ?

Cette dernière proposition contraria beaucoup le jeune homme ; il eût bien volontiers fait le sacrifice de la somme qu'il venait de recouvrer pour un prétexte plausible, afin de rompre sur-le-champ, mais il n'en trouva point, et encore une fois, la force de volonté lui manqua ; il accepta donc ; donna sa carte au chevalier, qui lui tint parole et vint dès le point du jour le prendre avec une bonne berline et des chevaux de poste. On partit.

La tendre Céline souffrait beaucoup des longues et fréquentes absences de son mari.

— Comme il est changé depuis dix-huit mois ! se disait-elle, et pourtant je l'aime toujours autant, moi ! je suis toujours la même, et mon miroir me dit que je n'ai rien perdu de ce qui lui plaisait. Ah ! les hommes n'aiment pas comme nous ; la possession les fatigue ; ils ne savent pas être heureux long-temps du même bonheur.

Et la jolie femme pleurait quelquefois ; mais dès qu'Henri paraissait, les chagrins s'envolaient.

Elle s'efforçait alors de reprendre son enjouement, sa gaîté, de peur que la mélancolie ne creusât sur son charmant visage quelque ride prématurée. C'est qu'en effet si Henri n'était plus précisément aussi amoureux que le premier jour, il n'avait pas cessé d'aimer bien tendrement sa chère Céline ; il ne revenait jamais près d'elle sans lui apporter quelques présents qui témoignaient qu'elle n'avait pas à craindre d'être oubliée et que l'amour du jeune mari n'avait pas changé d'objet, et puis le jour du retour était un jour de fête qui faisait promptement oublier à la tendre Céline les longues heures d'ennui qu'elle avait passées loin du bien-aimé.

Ce fut précisément ce qui se passa lorsque Henri arriva à sa campagne ; car la veille, en sortant de chez le chevalier, il avait converti la somme qu'il avait reçue de ce dernier, en bijoux, robes, objets de toilette, tous charmants objets qu'il s'empressa d'étaler aux regards de la jeune femme émerveillée, après avoir présenté M. des Futaies, dont il se garda bien toutefois de dire les antécédents.

— Cette femme est vraiment délicieuse, se disait le chevalier en se retirant le soir dans l'appartement qui lui avait été préparé, et ce gaillard-là est, à tout prendre, plus heureux que moi. Aimer une pareille femme et en être aimé est un bonheur qui me manque, le seul que je n'aie jamais goûté...

Mais on doit pouvoir arriver à tout avec de l'or...

Et le misérable s'endormit en roulant dans sa tête de vagues projets de trahison.

Plusieurs jours s'écoulèrent; M. des Futaies saisissait avec empressement les occasions d'être seul près de Céline, et ces occasions étaient fréquentes, car Henri aimait beaucoup la chasse; il se livrait avec ardeur à ce plaisir, et le chevalier avait déclaré qu'il ne chassait pas. Il restait donc et faisait quelquefois d'assez longues promenades avec la charmante femme qui ne croyait pas avoir à courir le moindre danger avec un ami de son mari. D'abord, et à plusieurs reprises, M. des Futaies parla avec une sorte de complaisance de son immense fortune; il énumérait tous les plaisirs que l'homme riche peut faire sortir de son coffre-fort; mais il ne parlait de cela qu'en thèse générale, et ne semblait pas avoir la pensée de faire la moindre application. Un jour cependant il s'enhardit jusqu'à avancer qu'une femme jeune et belle ne pouvait être véritablement heureuse qu'avec une fortune considérable.

— Il faut à la beauté une cour brillante,

dit-il... Quant à moi, je voudrais que la femme dont je serais aimé fût la souveraine non-seulement de mon cœur, mais de tous mes biens; je voudrais que toutes ses volontés fussent exécutées, ses moindres désirs accomplis... Et j'ai tout ce qu'il faut pour réaliser ce beau rêve; tout... excepté une femme qui m'aime!

—C'est là en effet un bien précieux, monsieur le chevalier, et je vous plains sincèrement de l'avoir perdu.

— Plaignez-moi de ne l'avoir jamais possédé, Madame!... Non, jamais je n'ai rencontré un cœur qui comprenne le mien..... Jamais je n'ai été aimé... Et mon cœur est jeune pourtant, malgré les rides de mon visage... Et j'aime, moi!..... J'aime de toute la puissance de mon âme... Oh! oui, plaignez-moi, afin que je me trouve moins à plaindre...

L'accent avec lequel ces dernières paroles furent prononcées, la voix émue du chevalier, ses regards étincelants, qui semblaient chercher ceux de la jeune femme, tout cela, dis-je, jeta quelque frayeur dans l'esprit de Céline; elle regarda autour d'elle, et son effroi augmenta en reconnaissant qu'elle se trouvait alors loin de toute habitation, le chevalier ayant dirigé la promenade vers un lieu solitaire et tout-à-fait propice à ses desseins.

— De grâce, monsieur le chevalier, dit-elle en tremblant, de grâce calmez-vous! Cette exaspération m'effraie plus que je ne saurais dire... Retournons à la maison, je vous en supplie!...

— Eh bien! oui, vous m'avez deviné, s'écria-t-il de nouveau, oui, c'est vous que j'aime, vous dont j'ai fait ma divinité... Céline, soyez à moi, suivez-moi!... Consentez à être la femme la plus heureuse du monde entier...

La jeune femme jeta un cri d'effroi, puis le sentiment du danger qu'elle courait doublant ses forces, elle s'arracha des bras qui déjà l'étreignaient, et légère comme une gazelle poursuivie par le chasseur, elle se dirigea vers son habitation. Le chevalier y arriva peu d'instants après elle; mais ce fut pour envoyer chercher des chevaux de poste. Ne pouvant obtenir de parler à Céline, qui s'était renfermée chez elle où elle avait ordonné de ne laisser pénétrer que son mari, il lui fit remettre ce billet :

« Silence ou mort ! mort de l'un ou de l'autre ; et peut-être de tous deux. »

Une heure après la voiture de ce misérable volait sur la route de Paris.

—Ah ! ma toute belle, vous faites la prude, la précieuse, se disait-il ; vous refusez l'hommage de mon cœur et de ma fortune ! eh bien ! nous vous mettrons à la raison. Je vous emmène dans un de mes châteaux en Allemagne, et puisque vous ne voulez pas commencer par être ma maîtresse, je commencerai par être votre maître : le plaisir n'en sera pas moins grand, et il me coûtera moins cher.

Les préparatifs nécessaires à l'exécution du projet enfanté par ce misérable furent bientôt faits ; il avait parmi ses domestiques deux grands drôles qui dix fois avaient frisé les galères, et dont il fait avait ses âmes damnées.

— Julien, dit-il à l'un de ces hommes, fais préparer ma grosse berline de voyage ; assure-toi que rien n'y manque, qu'elle ferme solidement. Tu monteras dedans avec moi quand il en sera temps ; Jacques remplacera

mon cocher, et vous serez munis de bons
pistolets. Il s'agit de mettre une jolie femme
à la raison ; une beauté dont je suis amoureux
et qui s'avise de me résister.

— Ma foi, monsieur le chevalier, répondit Julien, qui en pareilles circonstances
avait son franc parler, il me semble que c'est
se donner de la peine pour bien peu de
chose... Les jolies femmes sont-elles donc si
rares ? Je vous en trouverais trente à moins
de frais et sans coup férir.

— Je ne veux pas de tes trente ; c'est celle
dont je te parle qu'il me faut. Et puis un
enlèvement, ce sera chose nouvelle pour moi,
et le nouveau est bien rare par le temps qui
court. C'est un plaisir dont je veux goûter...
Tu m'entends, Julien, je le veux !

Cela était sans réplique, et Julien ne répliqua point.

La voiture fut préparée sur-le-champ ;
c'était une solide berline de voyage bien
ferrée, dont les portières fermaient à clé, et
dont les glaces étaient garnies de stores en
toile métallique. En un mot, c'était une sorte
de forteresse roulante bien garnie de bons
coussins élastiques, et dans laquelle on pou-

vait voir très-commodément. On mit dans les
coffres des viandes froides, quelques bouteilles d'excellent vin; un peu avant la fin
du jour les deux meilleurs chevaux de M. des
Futaies furent attelés; et l'on partit.

— Ainsi donc, monsieur le chevalier,
nous allons en Allemagne? disait Julien pendant que la voiture roulait.

— Oui, mon garçon; et il n'y a pas grand
mal à cela; car il me reste quelques affaires
à régler dans ce pays... Peut-être même ne
retournerai-je pas à Paris, car je pense
comme César, et j'aime mieux être le premier d'une bicoque que le second à Rome...
Et puis il y a d'autres raisons encore : je vois
rôder depuis quelque temps autour de moi
des visages qui me déplaisent.

— Craindriez-vous quelque chose?

— Je ne crains ni Dieu ni diable, Julien;
car je vis, et c'est là une des conditions de
mon existence; mais je suis prudent quand
il le faut.

Julien n'insista pas sur ce point.

CHAPITRE VI

La vie d'un homme.

Lecteur, il vous souvient sans doute de ce M. Barillon dont le chevalier des Futaies faisait tant de cas? eh bien! c'est de lui que je vais vous entretenir dans ce chapitre, et cela est indispensable, car vous êtes encore bien loin de savoir qui il est, et ce qu'il vaut; écoutez : Orphelin à dix ans, et repoussé de ses collatéraux par la raison toute simple et infiniment juste qu'il ne possédait rien, Barillon se mit à courir le monde avec l'insouciance naturelle à son âge. Sachant à peine lire, trop faible pour vivre du travail de ses mains, il trouva tout naturel, le pauvre enfant, dès que la faim se fit sentir, de demander à manger aux premières personnes qu'il rencontra, et quel mal faisait-il en effet? Il avait faim, il demandait un peu de pain qu'on lui donnait, et qu'il mangeait gaiement en courant les champs. Certainement il n'y avait là ni crime ni délit. En conséquence, Barillon fut envoyé dans une horrible prison, un infâme cloaque décoré du titre de dépôt de mendicité. Là il apprit à écrire et à filer du coton, et s'il n'y eût appris que cela le mal n'eût pas encore été bien grand; mais il trouva des professeurs de toute espèce, qui lui enseignèrent à mépriser les lois divines et humaines, et à les violer avec sécurité, et, comme cela devait être, il profita merveilleusement de leurs leçons. Aussi l'orsqu'il eut atteint sa dix-huitième année et que la liberté lui fut rendue, il ne s'avisa plus de demander un morceau de pain; mais il s'empressa de venir à Paris afin d'exercer les talents qu'il avait acquis. Dès lors il lui suffit, pour ne jamais manquer d'argent, de savoir où il y en avait. Ce fut en ce temps-là qu'il fit la connaissance du chevalier des Futaies qui suivait déjà la même carrière avec succès. Ils se lièrent intimement, et pendant longtemps ils ne se quittèrent pas ; car lorsque la justice s'avisait de se mêler de leurs affaires, ce qui arrivait quelquefois, elle les touvait toujours associés, et les envoyait faire pénitence sous les mêmes verroux.

— Mon ami, dit un jour Barillon, il me semble que nous ne faisons que glaner misérablement dans un champ où tant d'autres moissonnent, et cependant nous sommes certainement plus capables que la plupart de ces moissonneurs. Travaillons donc en grand, afin d'en avoir plus tôt fini.

— Tu as donc un projet ?

— J'en ai mille ; nous commencerons par l'exécution du plus facile. Nous allons partir pour Lyon, mais avant tout il faut aller chez l'un des premiers banquiers de Paris échanger les quelques milliers de francs que nous possédons contre du papier sur Lyon, à courte échéance. Je calque assez bien, et tu ne t'en tires pas mal ; en vingt-quatre heures nous aurons fabriqué quelques douzaines d'exemplaires des billets que l'on nous remettra, et les banquiers de Lyon auront la complaisance de nous dédommager

des peines que ce travail nous aura coû-
tées... J'espère que la chose est claire.

— Oui; mais elle peut nous mener loin.

— A Brest ou à Toulon, si nous sommes
maladroits; mais je suis décidé à encourir la
chance. Avant que les billets ne soient re-
connus comme étant de notre fabrique,
nous aurons le temps d'arriver à Genève, et
lorsque l'affaire sera tombée dans l'oubli, ce
qui arrive promptement toutes les fois que
l'on parvient à dépister les chiens, nous re-
viendrons ici.

La proposition fut acceptée, et l'on se
mit à l'œuvre; mais les faussaires avaient
eu trop de confiance dans leur talent; le
nombre de billets qu'ils présentèrent chez les
banquiers de Lyon éveillèrent les soupçons
de ces derniers, la fraude fut reconnue, et les
deux amis envoyés au bagne. On les y en-
voya, dis-je, mais les n'y allèrent point : à la
troisième étape ils parvinrent à s'évader et
vingt-quatre heures après ils étaient de retour à Paris; mais ils se séparèrent, et il fut
convenu que, pour la sûreté de chacun, ils
passeraient un certain temps sans se voir.
Ce fut à cette époque que des Futaies, mou-

rant de faim et cherchant aventure, rencontra Henri.

Le lecteur sait le reste, jusqu'à la guérison radicale de son altesse le prince de
Calenberg, mais il ignore ce qui s'était passé
depuis entre les deux amis, le voici.

Barillon avait reçu du chevalier des sommes considérables, mais il était homme à dé-
vorer en six mois le budget de la France, et
il n'était plus disposé à courir les dangers
auxquels il s'était tant de fois exposé; il revenait donc souvent à la charge près de des
Futaies; mais ce dernier finit par se fati-
guer. Malheureusement, le jour même où le
chevalier avait refusé pour la première fois
de l'argent à son ancien complice, celui-ci
trouva en rentrant chez lui une escouade d'a-
gents de police qui s'emparèrent de son honorable personne. Barillon cependant ne
perdit pas la tête; il se fit conduire près du
chef de la police de sûreté.

— Que ferez-vous de moi? lui dit-il.
Vous m'enverrez au bagne; mais je vous
jure que je n'y resterai pas, et vous savez si
je suis capable de tenir parole. Et puis vous
serez bien avancé, lorsque vous aurez fait

de moi un lion au lieu d'un agneau que je voudrais être. Vous savez que je ne travaille que bien rarement ; j'ai des torts envers la société, il est vrai ; mais ce sont de vieux péchés dont je suis disposé à mériter l'absolution : laissez-moi libre, et pour une capture insignifiante à laquelle vous renoncerez, je vous en ferai faire une de la plus haute importance.

— Promesse d'ivrogne ou de joueur ! que l'on te laisse tourner les talons, et l'on cherchera longtemps.

— Vous refusez? tant pis pour vous, car avant huit jours je vous aurais fait mettre la main sur le plus adroit coquin de Paris....., Ce serait là une capture comme vous n'en ferez jamais, puisque vous me refusez... Je n'ai pas le sou, moi ! mais celui dont je vous parle a plus de cent mille francs de rente, en biens fonds... Parlez-moi de mettre la main là-dessus ; cela en vaut la peine !

— Mais, mon garçon, tu sais comme nous, qu'on ne prend pas un homme qui a cent mille francs de rente.

— Eh bien ! je le prendrai, moi ! je vous le livrerai pieds et poings liés, et je ne demande pas plus de trois jours pour cela.

— Mais encore faudra-t-il savoir quelque chose de cet individu ; il ne suffit pas d'un prétexte pour lui mettre la main sur le collet ; qui est-il ? qu'a-t-il fait ?

— Ce qu'il est et où il est maintenant, vous le saurez lorsque vous aurez accepté mes conditions. Quant à ce qu'il a fait, je puis vous en dire quelque chose à l'avance : d'abord il battu monnaie avec la signature de quelques banquiers dont il avait le moule au bout du bras, ce qui lui a valu une légère estampille sur l'épaule gauche. Mécontent des banquiers, il s'est lancé plus haut : puis il a fait de la médecine transcendante au moyen de quoi il a envoyé certains maris dans l'autre monde afin de pouvoir ensuite consoler les veuves dans celui-ci... hein ? Comment trouvez-vous cet échantillon de son savoir faire ? c'est gentil, n'est-ce pas ?.. Mais ça n'est pas tout, et je tiendrai le reste en réserve, si vous voulez bien le permettre.

— Ma foi, dit le chef, c'est tentant. Écoute, Barillon, si tu dis vrai et si tu tiens parole, tu peux compter sur ta grâce ; car on ne la refusera pas à un homme capable de rendre de si grands services, et je m'engage en outre à te faire employer désormais aux appointements de cent louis. Mais je te préviens que nous aurons l'œil sur toi provisoirement, et que si tu tentais de tourner à gauche, tu ne m'échapperais pas. Marche maintenant, tu es libre jusqu'à nouvel ordre, et il ne tiendra qu'à toi de l'être bientôt sans restriction.

Le bandit ne se le fit pas dire deux fois, et il partit en jurant que l'on aurait bientôt de ses nouvelles. Quelques jours s'écoulèrent pourtant sans qu'il lui fût possible de satisfaire l'impatience de son nouveau patron : le chevalier était en ce moment à la campagne de Henri, et il fallut attendre son retour. Toutefois, Barillon ne se décourageait pas. Parfaitement déguisé à l'aide d'une perruque blonde, de faux sourcils et de favoris de même fabrique, il rôdait sans cesse autour de l'hôtel de son ancien compagnon. Enfin ce dernier arrive, Barillon se blottit dans un cabaret voisin, il interroge adroitement les domestiques de l'hôtel qui font de fréquentes visites dans ce cabaret, et il apprend que l'on prépare la voiture de voyage.

— Diable? dit-il, est-ce que le compère aurait eu vent de quelque chose? Ce serait jouer de malheur; je le tenais!.. mais je suis seul, et si j'abandonne mon poste un instant, je cours grand risque de le perdre de vue pour ne plus le retrouver... je resterai; s'il sort je le suivrai... il y a loin d'ici à la frontière, et bien certainement il ne la franchira pas avant de m'avoir vu en face.

Vers la fin du jour, Barillon aperçut le chevalier qui montait en voiture; quittant alors sa retraite, il attendit la berline au coin de la rue, sauta derrière, et fit ainsi route avec son ex-complice qui était bien loin de le croire si près de lui.

CHAPITRE VII

Rapt. — Mort.

Cependant la berline qui portait le chevalier, ses âmes damnées et l'observateur de nouvelle fabrique, cette voiture chargée de tant d'iniquités vivantes, arriva un peu avant le jour, tout près de l'habitation de Henri. Le chevalier la fit arrêter sur la lisière du bois, et il mit pied à terre avec Julien. Barillon, de son coté, s'élança légèrement dans les broussailles, et se mit en devoir de suivre à la piste son ancien complice.

— Bien certainement, se disait-il, il y a quelque chose là-dessous, ce gaillard-là ne prend pas tant de précautions à propos de bottes, et je me trompe fort, ou je vais tout à l'heure faire d'une pierre deux coups.

Il vit bientôt le chevalier se placer en embuscade près du jardin de l'habitation, tandis que son domestique, le nez en l'air, passait devant la grille d'entrée, Quelques instants s'écoulèrent, puis la grille s'ouvrit, et Henri, le fusil sous le bras, la carnassière au dos, sortit précédé de ses deux chiens. Personne ne bougea. Dix minutes s'écoulèrent encore, puis Barillon aperçut une jeune femme qui, l'air triste et pensif, se promenait dans le jardin. Alors le chevalier, après avoir fait signe à Julien de se tenir en sentinelle à quelque distance, le chevalier, dis-je, s'avança avec précaution vers la grille que Henri n'avait pas fermée; il la poussa, pénétra dans le jardin, bondit comme un tigre, et se trouva en face de la jeune femme qui jeta un cri perçant et voulut fuir; mais le misérable s'élança sur elle, l'étreignit dans ses bras, et déjà revenant sur ses pas, il allait sortir du jardin, lorsque Barillon sortant comme la foudre du lieu où il s'était tenu caché, se jeta à la rencontre de son ancien complice et lui coupa la retraite.

— Tu n'iras pas plus loin, s'écria le chevalier en le reconnaissant, Et il l'ajusta avec un pistolet qu'il avait à la main ; Barillon se jetant sur lui en désespéré, détourna l'arme, et tandis que la balle sifflait dans l'air, des Futaies, frappé de deux coups de poignards, tombait sur le gazon. Au bruit du coup de feu, Bulard et les gens de Henri étaient accourus ; on releva Céline qui s'était évanouie, et le chevalier fut transporté sur un lit tandis que son ancien compagnon allait rendre compte aux autorités de sa conduite et des suites de la mission dont il avait été chargé.

A son retour de la chasse, Henri trouva sa maison envahie par le maire de la commune voisine, les gendarmes, etc. Céline avait recouvré l'usage de ses sens, et tout faisait présumer qu'elle en serait quitte pour une légère indisposition : quant au chevalier des Futaies il avait repris connaissance ; mais la blessure qu'il avait reçue était mortelle, et loin de s'en plaindre, il fut le premier à s'en applaudir.

— Je vais quitter ce monde, dit-il d'une voix faible, et, en vérité c'était bien là maintenant ce qui pouvait m'arriver de plus heureux ; j'ai usé de tout et je suis las de tout, du bien et du mal ; il n'y a plus pour moi de sensation nouvelle, rien qui puisse me tirer de cet engourdissement produit par la satiété... En vérité, mon pauvre Barillon, je ne t'en veux pas, car tu m'as rendu avec ton poignard le seul service que j'eusse pu attendre d'un ami dévoué.

Quant à vous, Henri, ajouta-t-il, vous avez grand tort de me regarder, comme vous le faites, en homme qui meurt d'envie de me sauter à la gorge, car le peu d'instants qui me restent doivent être consacrés à votre bonheur.

—Croyez-moi, mon ami, envoyez promptement chercher un notaire; je veux vous faire mon légataire universel, et cela vaut bien l'oubli de l'injure dont vous avez à vous plaindre.

—Croyez-vous donc, infâme, avoir le droit de me salir de vos bienfaits?

—Oh! sacredieu! cousin, ne dis donc pas des bêtises comme ça! s'écria Bulard; la fortune, mon garçon, n'a ni odeur ni couleur, et quoiqu'il arrive, elle ne gâte rien. C'est pourquoi je vais prendre la liberté grande de monter à cheval et de t'apporter en croupe le garde-notes le plus voisin.

Sans attendre de réponse, Antoine sortit, fit seller un cheval, et bien qu'il fût assez mauvais écuyer, il piqua des deux, stimulé qu'il était par les paroles du mourant.

Le maire voulut alors procéder à l'interrogatoire du chevalier; mais celui-ci ne voulut pas répondre.

— Ce serait inutilement vous mettre en frais d'esprit, dit-il, car tous les procès-verbaux possibles ne m'empêcheraient pas de mourir avant la fin du jour, et dès lors ils ne signifieraient rien... Et maintenant, Barillon, dis-moi un peu combien tu m'as vendu?..

— Plus que tu ne valais à coup sûr.

— Alors je te fais mon compliment, car tu dois être riche.

— Allons donc, mon ami! songe que l'orgueil est un des sept péchés capitaux, et que tu ne seras pas en vie dans deux heures.

— Et cela est fort heureux pour toi, Barillon; car tu sais si je suis homme à prendre ma revanche.

Cependant le médecin du village était arrivé, il voulut poser le premier appareil sur la blessure; mais le chevalier s'y opposa:

— Je veux souffrir le moins longtemps possible, dit-il.

— Monsieur, les devoirs de ma profession m'obligent...

— A tuer les gens selon les règles, je le sais ; mais, moi, je veux mourir à mon aise.

— C'est bel et bon, mon camarade, reprit le maire ; mais nous avons des vouloirs aussi, nous autres : la loi est là et monsieur le Maire idem : par ainsi je vais profiter du quart d'heure pour vous faire débiter votre chapelet, à cette fin de dresser procès-verbal.....

— Allez au diable !

— Oui dà, mon cadet, nous ne sommes pas si pressé de vous suivre.

— Quant à nous, dit l'un des gendarmes, nous n'avons rien à faire ici : l'affaire est terminée, et nous ne sommes pas chargé d'enterrer les morts.

Tandis que le maire et le médecin insistaient près du mourant, et se disputaient l'avantage d'opérer le premier, l'un dans l'intérêt de la justice, l'autre pour l'honneur de la faculté, Bulard talonnait sa monture, et comme la distance était peu considérable, il arriva fort à propos, accompagné d'un notaire. lequel mit fin à la querelle en s'établissant tout d'abord près du chevalier.

—Je déclare ne croire, dit-il avec peine, ni au bien ni au mal ; ce n'est donc pas pour réparer de prétendus torts que je veux tester. J'ai vécu comme je devais ; ma conduite a été ce qu'elle devait être ; j'ai, comme tous les hommes, obéi à la nature de mon organisation. En instituant Henri Pointel mon légataire universel, je fais acte de volonté, il m'est agréable de vouloir et de pouvoir...

— Eh ! eh ! fit le notaire, pensez-vous que je puisse faire précéder un testament par ce préambule ?

— Pourquoi ne le feriez-vous pas ?

— Mais, mon cher monsieur, la morale, la religion.....

—Morbleu ! s'écria Bulard, écrivez donc ! ne voyez-vous pas qu'il va tourner de l'œil dans dix minutes ?...

Ce ne fut pas sans peine que le notaire consentit ; mais le chevalier était entêté ; il tenait à faire, jusqu'à la fin, preuve de cette volonté qui, dans le cours de sa vie, lui avait servi à vaincre tant d'obstacles. Enfin le testament fut rédigé; une heure après le chevalier était mort, et Henri se trouvait possesseur d'une fortune immense.

— Sacrédieu ! cousin, lui disait Bulard, tu nous fais une singulière mine ! on dirait que tu es fâché d'avoir plus de cent mille francs de rentes !...

— C'est qu'en effet, Bulard, j'éprouve une grande répugnance à me faire envoyer en possession de cette fortune acquise par un scélérat, au moyen peut-être de crimes épouvantables.

— Diable ! tu es bien dégoûté ! morte la bête, mort le venin; ce n'est pas ta faute s'il y a des coquins dans le monde.

— Oui, oui, répliqua Henri, qui ne put s'empêcher de sourire, cela est fort clair, et selon votre habitude, mon cher Antoine, vous raisonnez parfaitement; c'est là de la belle et bonne logique, et de la plus serrée, vraiment !

— A la bonne heure, au moins ! j'aime à voir que tu me rends justice.

— Et c'est de grand cœur, je vous jure, que je vous offre un cadeau de noces qui établira une juste balance entre la fortune de votre future et la vôtre, si tant il y a pourtant que l'un ne fasse pas tort à l'autre, et que possédant dix mille francs de revenu, vous soyez encore disposé à devenir le mari de madame Corniquet.

— Et pourquoi non ? Le bien qui abonde ne nuit pas, et vingt valent mieux que dix, quand il s'agit d'argent. D'ailleurs je suis fatigué de la vie de garçon, et comme je te le disais, mon cher ami, je ne suis pas d'humeur à faire l'éducation d'une femme ; c'est une éducation toute faite qu'il me faut. Or, sous ce rapport, la charmante veuve de Châteauroux me convient parfaitement.

— Je suis enchanté, mon cher Antoine, de vous voir dans ces dispositions, et comme nous n'avons rien de mieux à faire maintenant que de quitter cette maison, nous vous accompagnerons à Châteauroux, Céline et moi.

Cet arrangement satisfit tout le monde ; Henri donna des ordres pour que le chevalier fût inhumé modestement. Puis on se rendit à Paris, où un homme d'affaires fut chargé des diligences nécessaires pour que le légataire fût envoyé en possession, et quelques jours après, Henri, sa femme, ses enfants et son cousin partirent pour Châteauroux où les attendaient toutes les joies de ce monde, ce qui, à vrai dire, est bien peu de chose, et ne mérite guère la peine que l'on se donne pour le conquérir.

FIN.

LAGNY. — TYPOGRAPHIE DE VIALAT ET Cᵉ.

LAGNY. — Imprimerie de VIALAT et Cie.

www.ingramcontent.com/pod-product-compliance
Lightning Source LLC
Chambersburg PA
CBHW060620100426
42744CB00008B/1451